U0534566

吉林财经大学全国中国特色社会主义政治经济学研究中心科研项目重点课题
"新发展阶段坚持和完善中国特色社会主义经济制度研究"
(2022WZD009)

数字平台的
政治经济学批判

Critique of Political Economy
of Digital Platforms

刘　勇◎著

中国社会科学出版社

图书在版编目（CIP）数据

数字平台的政治经济学批判 / 刘勇著. -- 北京：中国社会科学出版社，2024. 12. -- ISBN 978-7-5227-4577-0

Ⅰ. F0-0

中国国家版本馆 CIP 数据核字第 2024Q4N155 号

出　版　人	赵剑英
责任编辑	田　文
责任校对	刘　坤
责任印制	张雪娇

出　　版	中国社会科学出版社
社　　址	北京鼓楼西大街甲 158 号
邮　　编	100720
网　　址	http://www.csspw.cn
发 行 部	010-84083685
门 市 部	010-84029450
经　　销	新华书店及其他书店
印　　刷	北京君升印刷有限公司
装　　订	廊坊市广阳区广增装订厂
版　　次	2024 年 12 月第 1 版
印　　次	2024 年 12 月第 1 次印刷

开　　本	710×1000　1/16
印　　张	15.5
字　　数	201 千字
定　　价	88.00 元

凡购买中国社会科学出版社图书，如有质量问题请与本社营销中心联系调换
电话：010-84083683
版权所有　侵权必究

前　言

当今世界，"数字经济发展速度之快、辐射范围之广、影响程度之深前所未有，正在成为重组全球要素资源、重塑全球经济结构、改变全球竞争格局的关键力量"①。数字平台作为数字经济发展和建设的关键载体，备受国家重视。2018年，"平台经济"首次写入《政府工作报告》，而后持续三年均强调要大力发展平台经济。2019年，《政府工作报告》要求"支持新业态新模式发展，促进平台经济健康成长"。2021年，由中国企业数字化联盟和国内政企市场专业媒体企业网联合发布的《数字化转型白皮书》强调，平台经济和平台模式是数字化转型和落地的主要实现方式。

数字平台的出现在很大程度上推动了人们生产生活方式的数字化转变。具体而言，便是使得一切要素和主体都被虚化，进入到由数据、算法和算力构建起的虚拟空间内，进行实时交往和互动。从本质上看，数字平台的出现是在数字资本介入下形成的一种抽象与具体相结合的拓扑空间。在这一空间中，传统的劳动工

---

① 习近平：《不断做强做优做大我国数字经济》，《求是》2022年第4期。

具由机器向人工智能等数字化、智能化技术跃升，劳动者从传统雇佣生产性劳动向数字化零工、非生产性劳动转变，劳动对象从已有的棉花、矿石等自然要素向数据、复合材料等新型要素扩张。在此基础上，一种集生产、交换、流通和分配于一体的平台化商业模式——平台经济生成。在平台持续革新和扩张推动下，平台经济与实体经济间的冲突和矛盾持续激化，"脱实向虚"成为实体经济发展面临的重大挑战。2024年党的二十届三中全会，强调"加快构建促进数字经济发展体制机制……促进平台经济创新发展，健全平台经济常态化监管制度"。

马克思著作中我们常见"批判"二字：比如，《黑格尔法哲学批判》《神圣家族，或对批判的批判所做的批判》，乃至于其不朽名著《资本论》，其副标题是政治经济学批判。在《资本论》[①]第二版跋中，马克思将这种批判与辩证法联系起来，指出："辩证法不崇拜任何东西，按其本质来说，它是批判的和革命的。"批判理论构成了马克思哲学思想的内核，并在《资本论》中达到了其思想巅峰。

马克思对资本主义社会的批判并不是全盘否定，"资产阶级在它的不到一百年的阶级统治中所创造的生产力，比过去一切世代创造的全部生产力还要多，还要大"[②]，显然这种批判是在肯定基础上的扬弃。面对数字平台的发展，我们也应该坚持马克思主义立场。平台经济发展所呈现出的如此特征，如何利用和把握数字化、智能化劳动，推进劳动生产率革新，如何有效防范和化解

---

① [德]马克思：《资本论》第2卷，人民出版社2018年版，第22页。
② 《马克思恩格斯选集》第1卷，人民出版社2012年版，第405页。

数字平台在资本介入下的无限扩张和异化加剧问题，从而使数字平台成为当前中国式现代化建设的积极力量，是现阶段中国经济发展亟须解决的重要问题。因此，本书选择数字平台为研究对象，从政治经济学角度出发，揭示数字平台、数字资本和数字零工这三大平台经济的重要构成及其之间的生产关系，并期望在中国特色社会主义制度体系下，为构建高水平社会主义市场经济体制、助推数字平台高质量发展、正确规范和引导资本发展、建设数字中国等作出边际理论贡献。基于这一目标，本书围绕"数字平台的政治经济学研究"主题，结合文本研究法、逻辑与历史相统一以及理论与实际相结合等方法，拟从十个章节展开研究。

第一章，导论。本章主要论述开展数字平台政治经济学研究的时代背景、重要意义。在此基础上，进一步界定数字平台的重要组成部分，包括数字资本、数字平台与数字零工。同时，通过梳理学界研究动态，提出了数字平台的来源、特性、对经济的影响、对就业的影响等，值得进一步研究。

第二章，数字平台政治经济学批判的理论基础。本章着重阐释了本书所借鉴和应用的马克思主义政治经济学理论，主要包括马克思产业资本理论、马克思生产要素理论、马克思生产劳动理论、马克思劳动正义理论和马克思工作日理论以及马克思劳动异化理论，等等，这些理论为后续研究提供了理论基础。

第三章，催生数字平台的数字资本二重性分析。数字平台来源于数字资本，本章探讨数字资本的生成路径和基本特征。首先，数字资本本身依旧符合资本一般的社会关系，数字资本发展的本质仍然是为了追求剩余价值。其次，考察数字资本相比于传统资本的新变化，以及表现出的要素特殊性。

第四章，数字平台的二重资本职能表现。本章以马克思产业资本理论为指导，对数字平台作为数字资本的重要增殖场域和分割场域进行了深入分析，表明其兼具产业资本和商业资本二重职能，并且揭示了其作为一种新型组织生态系统，由产业向商业转型，以及商业资本职能日益强化的趋势。

第五章，数字平台场域下实体经济发展趋势。实体经济一方面能够通过平台与生产资料结合，使得生产资料向智能化、数字化方向转型，提升生产过程人力监管与组织管理效率，从而扩大实体经济规模；另一方面，数字平台凭借其强势垄断地位，主导利润分割，索取过分的剩余价值，使实体经济面临趋于萎缩的困境。

第六章，数字平台场域下生产结构变迁趋势。数字平台场域下，一方面，生产性零工、运输性零工与非生产性零工在社会就业结构中的占比不断提高；另一方面，伴随着数字技术不断发展，生产性零工对数字能力的高要求，致使越来越多的劳动力向运输性与非生产性零工迁移。这种变化导致新的生产结构产生。

第七章，数字平台场域下雇佣劳动正义审视。数字资本凭借数字平台的连通性打造其全球数字网络，实现数字资本权力的扩张和对劳动的总体性吸纳。其结果是"数字鸿沟"阻碍着零工的能力提升，"数字监狱"加剧主体对立，"数字奴隶"深陷隐性剥削，"数字穷人"沦为分配祭品等正义困境。

第八章，数字平台场域下数字零工异化审视。在工作日维度上，数字平台利用数字技术渗透来模糊工作日产休界限、利用算法逻辑来突破工作日生理道德界限以及借由去雇佣化来加剧零工"自我剥削"困局。零工劳动异化，以劳动数据商品化、剥削过程隐性化、劳动自觉迷失化、主体关系对立化的方式持续加深。

第九章，新质生产力视域下数字平台要素吊诡。新质生产力以创新为主导，数字平台一方面促进劳动者、劳动资料以及劳动对象三要素优化组合与更新跃升，同时又垄断数据要素，导致资本无序扩张、挤压传统经济空间、限制市场竞争与创新、损害消费者合法权益，体现出要素优化与垄断并存吊诡现象，对新质生产力发展存在双重效应。

第十章，数字平台发展的中国启示。当前中国的数字平台，将在相当长时期、相当大范围内存在，需要辩证看待数字平台的发展，通过规范数字资本逐利本性的社会主义抑制路径、设计数字资本效率性的社会主义发扬路径，以及激励数字平台与实体经济融合发展路径，达到数字平台在中国的良性发展。

我们经常与中国政治经济学学会、全国高等财经院校《资本论》研究会等同行专家学者们的探讨与交流，受益良多，在此致以崇高谢意！特别感谢我的研究生项楠同学在本书成稿中的真知灼见与辛勤付出。最后，谨以此书为构建中国特色社会主义政治经济学体系，构建高水平社会主义市场经济体制，从而推进高质量发展贡献微薄之力。限于作者水平，望所有读到此书的专家学者，给予批评指正！

目 录

第一章 导论 …………………………………………… (1)
    第一节 研究背景与研究意义 …………………… (1)
    第二节 研究对象与研究方法 …………………… (8)
    第三节 国内外研究现状及评述 ………………… (16)
    第四节 技术路线与创新之处 …………………… (33)

第二章 数字平台政治经济学批判的理论基础 ……… (39)
    第一节 马克思产业资本理论 …………………… (40)
    第二节 马克思生产要素理论 …………………… (46)
    第三节 马克思生产劳动理论 …………………… (47)
    第四节 马克思劳动正义理论 …………………… (53)
    第五节 马克思工作日理论 ……………………… (59)
    第六节 马克思劳动异化理论 …………………… (65)
    第七节 新质生产力理论 ………………………… (70)

第三章 催生数字平台的数字资本二重性分析 ……… (79)
    第一节 基于马克思资本二重性理论的分析 …… (79)
    第二节 数字资本的生成规律性 ………………… (80)

第三节　数字资本的要素特殊性……………………（90）
　　第四节　本章小结……………………………………（96）

第四章　数字平台的二重资本职能表现……………………（98）
　　第一节　基于马克思产业资本理论的分析…………（98）
　　第二节　数字平台作为产业资本的职能表现………（99）
　　第三节　数字平台作为商业资本的典型特征………（101）
　　第四节　数字平台二重资本职能趋势………………（103）
　　第五节　本章小结……………………………………（107）

第五章　数字平台场域下实体经济发展趋势………………（109）
　　第一节　基于马克思生产要素理论的分析…………（109）
　　第二节　数字平台主宰下的实体经济生产模式
　　　　　　转型………………………………………（110）
　　第三节　数字平台主宰下的实体经济利润趋势……（115）
　　第四节　本章小结……………………………………（122）

第六章　数字平台场域下生产结构变迁趋势………………（123）
　　第一节　基于马克思生产劳动理论的分析…………（123）
　　第二节　直接生产劳动的模块化：生产性数字
　　　　　　零工………………………………………（124）
　　第三节　运输业劳动的生产延伸：运输性数字
　　　　　　零工………………………………………（126）
　　第四节　非生产劳动的价值实现与分割：非生产性
　　　　　　数字零工…………………………………（129）

第五节　平台场域下的生产结构变迁表现与
　　　　　　动因 …………………………………………（131）
　　第六节　本章小结 ………………………………………（136）

第七章　数字平台场域下雇佣劳动正义审视 …………（137）
　　第一节　基于马克思劳动正义理论的分析 ……………（137）
　　第二节　数字平台场域下的数字雇佣劳动 ……………（138）
　　第三节　平台场域下数字雇佣劳动的正义困境 ………（140）
　　第四节　本章小结 ………………………………………（149）

第八章　数字平台场域下数字零工异化审视 …………（151）
　　第一节　基于马克思劳动异化理论的分析 ……………（151）
　　第二节　平台场域下的数字零工劳动积极表征 ………（152）
　　第三节　数字平台场域下零工工作日的无形
　　　　　　延长 …………………………………………（158）
　　第四节　数字平台作用下的零工劳动异化困境 ………（166）
　　第五节　本章小结 ………………………………………（173）

第九章　新质生产力视域下数字平台要素吊诡 ………（175）
　　第一节　基于新质生产力理论的分析 …………………（175）
　　第二节　数字平台的生产组织特性 ……………………（177）
　　第三节　数字平台推动生产要素优化配置 ……………（179）
　　第四节　数字平台助力生产要素更新跃升 ……………（182）
　　第五节　数字平台垄断数据要素本性 …………………（185）
　　第六节　本章小结 ………………………………………（191）

第十章　数字平台发展的中国启示 …………………… (196)

　　第一节　数字资本逐利本性的社会主义抑制

　　　　　路径 ………………………………………… (197)

　　第二节　数字资本要素效率性的社会主义发扬

　　　　　路径 ………………………………………… (199)

　　第三节　正确规范与引导数字平台同实体经济

　　　　　融合发展 …………………………………… (202)

　　第四节　完善平台场域下的三类劳动协调发展

　　　　　机制 ………………………………………… (205)

　　第五节　社会主义劳动正义复归的保障路径 ……… (208)

　　第六节　社会主义数字零工就业有效市场的

　　　　　构建路径 …………………………………… (211)

参考文献 ……………………………………………………… (217)

后　记 ………………………………………………………… (236)

# 第一章

导　论

第一节　研究背景与研究意义

当今世界，"数字经济发展速度之快、辐射范围之广、影响程度之深前所未有，正在成为重组全球要素资源、重塑全球经济结构、改变全球竞争格局的关键力量"[①]。数字平台作为数字经济发展和建设的关键载体，备受国家重视。2018年，"平台经济"首次写入《政府工作报告》，而后持续三年均强调大力发展平台经济。2019年《政府工作报告》要求，"支持新业态新模式发展，促进平台经济健康成长"。2021年，由中国企业数字化联盟和国内政企市场专业媒体企业网联合发布的《数字化转型白皮书》强调，平台经济和平台模式是数字化转型和落地的主要实现方式。在我国，数字平台经济同样表现出强劲发展态势。截至2020年，我国已有9家

---

① 习近平：《不断做强做优做大我国数字经济》，《求是》2022年第2期。

数字平台跻身全球大型数字平台企业行列，大型数字平台企业总价值达到3.1万亿元，在全球经济发展低迷态势下实现了56.3%的超高速逆势增长，我国现已成为全球数字平台经济发展成长最为活跃的地区之一。如何通过正确引导和规范数字资本，帮助数字平台突破所面临的现实困境，构建更为和谐的劳资关系，让数字平台作为新的就业场所促进再就业，亟待深入研究。

一　研究背景

（一）平台化转型已成主流之势

近年来，作为社会关系的资本通过与数字平台联姻，实现了传统资本形态的数字化转变，开始新一轮的资本积累，催生出数字资本这一资本新形态。在数字资本不断作用和扩张下，数字平台作为新兴技术逐渐发展成为数字资本实现增殖的场域，不断影响着社会生产生活，并推动着社会生产关系甚至上层建筑发生深刻变革。一方面，数字平台推动劳动数字化转型，提高劳动生产率，孕育数字零工等新型就业形态，极大促进了社会经济的繁荣发展；另一方面，数字平台在发展过程中不断扩张和集中化，分割实体经济利润，压缩实体经济生存空间，加强劳动监控，引发数字化生存危机。在此背景下，各国一方面争相推进数字平台建设。截至2020年底，全球市场价值超100亿美元的大型数字平台企业达到76家，价值总额突破12.5万亿美元，同比增速高达57%。另一方面加强数字平台管制，规范数字平台发展，促进平台经济健康成长。欧盟先后出台了《通用数据保护条例》《数字服务法案》《数字市场法案》等规范数字平台发展的法律法规。

据《2022年全球市值100强上市公司排行榜》统计，前十大市值公司有6家为平台型企业。传统企业也通过平台化转型，开拓业务增长点，例如，苹果原本是电子产品生产商，通过内嵌软件商店、广告、支付等服务，转变为手机服务平台，其服务业务毛利率高达70%，远高于产品销售27%的毛利率。

表1-1　　　　全球前十大市值公司七家为平台型企业

排名	来源	股票市值（亿美元）	领域	是否为平台型企业
1	苹果	28500	科技	是
2	微软	23110	科技	是
3	沙特阿美	22980	石油和天然气	否
4	谷歌	18420	科技	是
5	亚马逊	16590	消费服务	是
6	特斯拉	11140	汽车科技	否
7	伯克希尔	7800	金融	否
8	英伟达	6850	科技	是
9	META	6050	科技	是
10	台积电	5410	科技	否

资料来源：Wind、泽平宏观。

（二）政策对数字平台积极信号

表1-2　　　　　　政策对平台经济积极信号

时间	来源	内容
2022.4.29	中共中央政治局第三十八次集体学习	依法规范和引导我国资本健康发展，发挥资本作为重要生产要素的积极作用
2022.7.28	中共中央政治局会议	要推动平台经济规范健康持续发展，完成平台经济专项整改，对平台经济实施常态化监管，集中推出一批"绿灯"投资案例

续表

时间	来源	内容
2022.8.24	国务院常务会议	出台措施支持民营企业发展和投资,促进平台经济健康持续发展
2022.10.28	十三届全国人大常委会第三十七次会议	受国务院委托,国家发展和改革委员会主任何立峰作了关于数字经济发展情况的报告。对于备受市场关注的平台经济,报告明确,将支持和引导平台经济规范健康持续发展,完成平台经济专项整改,实施常态化监管,集中推出一批"绿灯"投资案例。报告指出,必须把数字技术的命脉牢牢掌握在自己手中,在科技自立自强上取得更大进展。适度超前部署数字基础设施建设,筑牢数字经济发展根基。加快深化产业数字化转型,释放数字对经济发展的放大、叠加、倍增作用
2022.12.16	中央经济工作会议	要大力发展数字经济,提升常态化监管水平,支持平台企业在引领发展、创造就业、国际竞争中大显身手
2023.1.7	郭树清接受新华社专访	14家平台企业金融业务专项整改已基本完成,少数遗留问题也正在抓紧解决。后续将实行常态化监管,鼓励平台企业合规经营,在引领发展、创造就业、国际竞争中大显身手
2023.1.10	杭州市委书记调研蚂蚁集团	杭州市与阿里巴巴签订全面深化战略合作协议,释放支持平台经济发展积极信号
2023.1.13	国新办新闻发布会	央行金融市场司负责人表示,一年多以来,14家平台企业的整改取得了一些积极成效,目前大多数问题已基本完成整改,大型平台企业合规经营公平竞争,消费者保护意识明显增强,金融业务不断规范。与此同时金融管理部门标本兼治,加快监管制度建设,在第三方支付、个人征信、互联网存款、保险、证券基金等领域出台了一系列有针对性的制度文件
2023.3.5	2023年政府工作报告	大力发展数字经济,提升常态化监管水平,支持平台经济发展
2023.3.1	中共中央、国务院	《数字中国建设整体布局规划》提出,"支持数字企业发展壮大,健全大中小企业融通创新工作机制,发挥'绿灯'投资案例引导作用,推动平台企业规范健康发展"

续表

时间	来源	内容
2023.7.7	中国人民银行、国家金融监督管理总局、中国证监会	目前，平台企业金融业务存在的大部分突出问题已完成整改。金融管理部门工作重点从推动平台企业金融业务的集中整改转入常态化监管。下一步，金融管理部门将完整、准确、全面贯彻新发展理念，着力提升平台企业金融业务常态化监管水平，依法将各类金融活动全部纳入监管，确保同类业务适用同等监管规则，实现公平监管

资料来源：公开资料整理、泽平宏观。

（三）数字平台经济是把双刃剑

由上文可见，在世界范围内，企业平台化转型已成主流之势，中国也颁布了一系列政策措施，支持平台经济的发展。不过，平台经济发展过程中，平台经济天然具有网络效应和马太效应，倾向形成垄断、排挤竞争，由此造成侵害消费者权益、诱导过度消费、"大数据杀熟"、"大而不倒"等负外部性影响，需要有效的规制监管。一是侵害消费者权益。部分平台利用算法构建信息茧房，实施大数据杀熟，会员之上再收费、诱导消费、捆绑销售、隐私数据被贩卖等侵害消费者权益的问题屡见不鲜。二是排挤竞争。部分数字平台运用算法和流量对商家和劳动者进行控制，在购物、外卖、出行、社区生鲜等多个民生领域"跑马圈地"，导致歧视性分发订单、恶性竞争、实体企业逐步退出竞争等。三是"大而不能倒"酝酿系统风险。互联网消费贷、现金贷等产品规模巨大，通过助贷和联合贷等方式获得银行大比例出资，信用审核、风险控制等职能由平台管控，一旦出现极端情形，平台风控失效，风险将向银行转移。

2020年，中国首次在立法层面将互联网行业的新兴业态纳入考量，发布了《关于平台经济领域的反垄断指南》，旨在引导平台经济领域经营者依法合规经营，促进线上经济持续健康发展。

二 研究意义

现阶段，数字平台已然不再仅表现为一种技术，其逐渐开始整合商业、生产等领域，发展成为一种独立新经济形态，并且在数字经济的浪潮中成为各国推动产业转型升级和科技进步发展的新引擎和新动能。加强数字平台监管、助推数字平台高质量发展，既是构建高水平社会主义市场经济体制的本质要求，也是正确规范和引导资本发展，建设数字中国的有效保障。

（一）研究的理论意义

本书基于马克思经典的政治经济学理论，针对数字经济时代的新型生产组织形式、商业中介形式及其混合而成的生产和商业生态系统——数字平台，展开深入剖析，在理论方面提出了一些新见地。比如，根据马克思的生产劳动理论，作为直接生产劳动延伸的运输劳动，在传统工业资本主义时期，居于附属与从属地位，但在数字资本主义时期，随着数字平台商业中介职能的强化与事实上的垄断地位形成，居于从属地位的运输劳动地位不断上升，甚至有超越直接生产劳动之势，从而导致生产结构的巨大变迁，对马克思的生产劳动理论有重大创新意义，详细论证参见第六章；进一步地，根据马克思产业资本理论，数字平台兼具有产业资本与商业资本二重资本职能，从而对实体经济产生过度价值索取，造成对实体经济的反噬效果，从而导致实体经济的萎缩，具体分析参见第五章；数字平台一方面推动了生产要素（劳动者、劳动要素、劳动资料）配置优化与更新跃升，另一方面存在数据要素的垄断本性，存在对新质生产力发展的促进或阻碍的双重效应，呈现出一种"吊诡"现象。等等，这些方面，都彰显了本书的诸多理论意义。

(二) 研究的现实意义

其一，有助于进一步辩证研究和审视数字资本和数字平台，从而为我国正确引导和规范数字资本、数字平台发展提供学理支撑和现实指导。从马克思政治经济学语境还原数字资本作为数字时代社会关系的形成脉络，探究其内在生成路径和文明表征，表明数字资本是可以为社会主义所运用和引导的。在此基础上展开对数字平台的探查，系统地梳理了数字平台与数字资本的内在关联，揭示数字平台发展过程中所存在的各种现实问题的根源。在回答如何纾困解难的同时，也阐明了数字平台与数字资本和社会主义公有制的兼容问题。

其二，有利于进一步认清数字平台场域下的实体经济发展和生产结构变迁。作为一种复合要素，数字平台既是新型技术也是组织形式。其所表现出的渗透性，使得生产生活方式都将发生数字化转型。作为技术，平台使得雇佣劳动变得更加高效，但同时技术的挤出效应也创造出大量相对过剩人口。作为组织形式，数字平台为相对过剩人口提供"数字零工"新型就业形态，但同时为了满足自身增值和利润，又不断表现出资本职能，从而致使实体经济、雇佣劳动与零工劳动呈现出不同程度的现实问题。在全面剖析数字平台与数字资本间的内在联系，辩证审视数字平台的二重资本职能、经济发展促进作用、生产结构变迁趋势与生产方式现实问题，并立足马克思主义政治经济学理论加以考察，提出中国启示。这能够为发挥其积极作用、把握其变迁趋势、消解其现实问题，提供有益指导和借鉴。

第二节　研究对象与研究方法

本书基于政治经济学视角，对数字平台展开批判性研究。数字平台从何而来——来源于数字资本；数字平台的职能如何——二重资本职能；数字平台的影响如何——对实体经济的影响、对生产结构的影响、对就业的影响，等等。因此，数字资本、数字平台、数字零工等是围绕数字平台主题展开深入研究的三个主要研究对象。

一　研究对象

（一）数字资本

数字资本是数字时代资本在原有产业资本和金融资本基础上进一步发展而成的一种资本新样态，私有制之下的数字资本，其逻辑依旧是追求剩余价值，实现自身增殖。因而它既强化了传统资本的共性特征，同时也具备了有别于传统资本的时代个性。

与传统资本相比，数字资本强化了传统资本固有的自行增殖本性。资本的本性是"追求剩余劳动和价值增殖"，数字资本的本性也是为实现自身增殖，不断吮吸生产过程中数字雇佣劳动者带来的剩余劳动。数字资本以互联网为技术基础，以数据为主要劳动对象，实现自身增殖的前提在于对数字过程中雇佣劳动者剩余价值的剥削。诚如马克思所言，"平等地剥削劳动力，是资本的首要的人权"[①]。为此，一方面，数字资本家借助于数字技术的

[①]《马克思恩格斯文集》第5卷，人民出版社2009年版，第338页。

革新不断提高劳动生产率，从而实现对于数字雇佣劳动者必要劳动时间的缩短，从而使得在原有工作日长度不变情况下实现对剩余劳动时间的相对延长，攫取数字雇佣劳动者的相对剩余价值。另一方面，在资本逐利逻辑的本性下，数字资本家通过智能化生产工具的便携性和虚拟性，将传统劳动过程中的工厂拓展到人们的日常生活之中，为实现对数字雇佣劳动者生活休闲时间的压缩和占有提供技术和物质基础；同时借助绩效考核、员工激励等晋升机制不断加剧数字雇佣劳动者之间的竞争，致使"自愿加班"成为数字雇佣劳动者的工作常态，数字资本家得以实现对数字雇佣劳动者工作日的绝对延长，进而攫取绝对剩余价值。

与传统资本相比，数字资本周转与循环速度更快，剩余价值率更高。由于数字劳动是以数据作为劳动对象，并且运用数字化技术对数据进行加工改造的过程，因而其所生产的商品也以数据商品为主，数字资本家通过出卖数据商品来换取交换价值。由于数据商品所具有的虚拟性和数字性，其流通主要通过实时的线上交易形式，产品运输和中间商成本大幅削减，"商品资本—货币资本"的循环和周转速度显著加快，同时借助数据所具有的可复制性，使得数字资本家可以同时多次进行商品流通，从而进一步提升单位时间内资本周转次数，加快资本周转和循环速度。

与传统资本相比，数字资本的剥削隐蔽性更深、程度更强。数字劳动以数据为其劳动对象，而数据本身具有准公共性特征。数字资本借助数字平台将广大社会成员吸纳到数据劳动对象的生产之中，运用数字平台所提供的多元化、个性化服务实现对社会成员的公共生活数据这一劳动对象的私人无偿占有。进一步，数字资本家将这些海量数据交由其所雇佣的数字劳动者进行二次加工和改造生产出剩余价值。在这一过程中，一方面，是数字资本家由于对公共数据无偿占有所带来的固定成本的下降，由此推动剩余价值率的提高这种无偿占有社会成员"数据"使得剥削的隐蔽性更深；另一方面，则是数字雇佣劳动者由于劳动对象（社会成员产生的数据流）数量激增，工作日时长固定所带来的劳动强度提升，使雇佣劳动者剥削程度更深。

与传统资本相比，数字资本家所取得的剩余价值量更多。数字资本通过对社会成员的总体吸纳也进一步加剧了对社会成员财富的隐形掠夺。通过对数据的全面占有，数字资本构建庞大用户数据库，依照"谁掌握数据，谁掌握权力"[①]的丛林法则，实现对数据商品的垄断性定价，通过"引流"等方式、广告投放等形式，掠夺其他生产者所创造的剩余价值，在流通过程中不断增加垄断利润，运用各种政治、经济手段扩大"商品资本—货币资本"的转化范围和速度，从而资本扩大再生产积累更庞大的货币资本。

（二）数字平台

马克思指出，对资本的考察应当放置于生产过程中加以考察，"资本是在生产而非流通中生产的"[②]。如马克思所言："资本的文明面之一是，它榨取这种剩余劳动的方式和条件，同以前的奴隶制、农奴制等形式相比，都更有利于生产力的发展，有利于社会关系的发展，有利于更高级的新形态的各种要素的创造。"[③] 在传

[①] 吴静：《总体吸纳：平台资本主义剥削的新特征》，《国外理论动态》2022年第1期。

[②] 张旭：《正确认识资本的特性与发挥资本要素的积极作用》，《当代经济研究》2022年第5期。

[③]《马克思恩格斯文集》第7卷，人民出版社2009年版，第927—928页。

统机器大工业时代，资本作为社会关系在摧毁了传统生产关系的基础上，构建起颇具资本特色的资本主义生产体系——资本家通过将私人占有的生产资料与雇佣的劳动者相结合来进行生产。同时，资本必须转化为生产资料要素等具体形态，才能投入生产过程，进而资本通过劳动者具体劳动将生产资料以及劳动力价值转移到商品上，并且通过劳动者的剩余劳动为商品附加剩余价值，从而实现资本价值增殖。"剩余价值的生产是生产的直接目的和决定动机。资本本质上是生产资本的，但只有生产剩余价值，它才生产资本。"[1] 在马克思看来，资本主义社会是资本处于支配地位的社会，然而伴随着资本的不断周转，生产力水平不断发展，"在扩张性市场逻辑的影响下，因特网正在带动政治经济向所谓的数字资本主义转变"[2]。在数字资本主义逻辑体系下，数据成为新型生产资料，互联网等数字技术成为主要劳动工具，资本有机构成不断提高，劳动效率获得质的提升，资本家获得更多剩余价值。即便如此，"资本按其本性来说，力求超越一切空间界限"[3]，在资本贪婪本性的驱使下，资本家借助于数字技术对人的手和脑的延伸，以及数字技术所带来的渗透性和便利性，意图将劳动空间从传统物理空间向虚拟空间延伸，由此数字平台作为新型数字基础设施被广泛应用。

数字平台是依托于互联网等数字基础设施搭建的用于两个或两个以上的群体进行互动的场景。区别于传统的劳动场景，数字

---

[1]《马克思恩格斯文集》第7卷，人民出版社2009年版，第997页。
[2]［美］丹·希勒：《数字资本主义》，杨立平译，江西人民出版社2001年版，第15—16页。
[3]《马克思恩格斯全集》第30卷，人民出版社1995年版，第521页。

平台具有全空域、全流程、全场景、全解析和全价值的特征。①全空域是指数字平台突破了传统劳动的空间限制，仅仅依靠一台数字化设备和数字平台，人们就能实现随时随地学习办公；全流程则是指数字平台实现了对人们生活时间的全面占有，相较于传统的8小时工作制，数字平台的出现让居家办公、随时加班成为劳动常态；全场景则是指数字平台打通了人们生产生活的行为场景界限，无论是在驾驶、休息，还是在吃饭，人们都可以通过数字平台进行互动；全解析是指数字平台通过将人们在平台上生产的数据进行解构，进而生产出符合人们需求的数字商品。基于此，数字平台突破了传统的、单向封闭的、线性的经济结构束缚，构筑起数字化的、多元开放的环形经济结构，从而建立起庞大的全价值链。

在数字平台助推下，数字资本开辟出一条新式资本增殖路径。资本家通过在全球范围内推广和应用数字平台，将人们全部纳入数字平台使用者范畴内，再通过将平台所收集和提取的用户数据，用于直接出售给数字商品或服务生产商，获取广告费，或者进一步将数据加工成数字商品，通过出售商品获利，双管齐下实现资本增殖。在此资本逻辑不断运转的过程中，技术也在不断取代人，产业后备军的相对量和财富的力量一同增长，然而得益于数字平台的便利性和开放性，传统"零工经济"模式转向数字零工模式得到快速发展，并成为数字时代的劳动新模式。即便如此，数字平台作为数字资本家剥削新场域的本质并未改变，在数字资本逻辑的操纵下，广大劳动者表面上摆脱了"办公室""流

---

① 黄奇帆等：《数字上的中国》，中信出版社2022年版，第8页。

水线"的束缚，获得了更多自由时间，呼吸了更新鲜的空气，但实质上内卷化的竞争与无形间的压力，致使他们陷于更隐蔽沉重的剥削中。数字资本借助数字平台将人与劳动捆绑得更紧密，从而源源不断地创造剩余价值。

二 数字零工

"零工经济"（gig economy）一词并非数字时代的独有产物，早在20世纪初的美国，就出现了"零工"（gig）一词，用于指代雇佣音乐家演奏的某一特定曲目或仅持续一晚的演出。[①] 而后，2015年的《纽约时报》中对"零工经济"给予了明确定义，意为工人根据个人兴趣爱好、技能与时间，选择接受不同的工作，这类工作具有自我管理和多样性的优点，但一般无固定的工作场所和时间，从业者多为临时工、合同工、个体户或者兼职人员。[②] 对于这些零工从事者而言，他们一般通过中介机构或私人介绍等方式获得工作，雇主根据工作结果，按照计时或计件方式支付报酬。然而，随着数字平台的兴起与应用，实体中介转向数字媒介，雇主通过平台发布相关工作信息，并留下联系方式，求职者则通过签约或付费的方式，浏览和获取平台所发布的相关招聘信息来挑选工作。在这一过程中，传统零工经济模式获得数字化技术支持，实现数字化转型。以数字平台为中介的短期或兼职劳动开始全面取代以线下中介平台的临时工作模式，数字零工（digit-

---

[①] Friedmanan, G., "Workers Without Employers: Shadow Corporations and the Rise of the Gig Economy", *Review of Keynesian Economics*, Vol. 2, No. 2, April 2014, pp. 171–188.

[②] 闫境华、石先梅：《零工经济资本与劳动之间关系的政治经济学分析》，《理论月刊》2021年第8期。

al gig）成为数字时代"零工经济"的劳动新形式。

数字零工本质上依旧归属于"零工经济"模式。数字零工并未改变传统"零工经济"无固定工作时间和地点、采用计件或计时工作制以及充分保障个人自主权的本质特征，唯一改变的只是"零工"的劳动模式。一方面，劳动者的劳动工具从手和脑转向手机和电脑，网络写手、短视频博主等兴趣创作型职业兴起；另一方面，雇主的劳动需求趋向多元化，外卖、配送等需求服务型职业大量涌现。

数字零工是在继承中不断发展的产物。在劳动报酬方面，就劳动者和雇主间的交易过程来看，两者依然采用钱货两讫的交易结算方式，以网络写手而言，其只需要定时上传规定数量的电子版的文稿，经雇主审阅质量合格后，通过转账的方式支付稿酬，便完成了交易过程。可见，数字零工劳动依然遵循着计件或计时工资制。[1] 在职业选择方面，对于数字零工而言，在数字平台所构建的多元信息网络影响下，劳动者可以更深层次地挖掘自己的技能专长和兴趣爱好，无论是专业化的代码设计还是大众化的短视频拍摄，只要劳动者感兴趣，都可以在平台上找到对应的雇主，实现劳动变现，劳动者的自主权在一定程度上得到了更多释放。在劳动形式方面，依托于具有全空域、全流程、全场景、全解析等特征的数字平台[2]，零工的劳动空间有效摆脱了工厂的限制，劳动时间隐形突破了传统8小时工作日的限制。这是与传统零工截然不同的新特征。

---

[1] 刘勇、项楠、张晶：《马克思劳动异化视阈下的"数字零工"困境及其破解》，《理论导刊》2022年第9期。

[2] 黄奇帆等：《数字上的中国》，中信出版社2022年版，第8页。

三 研究方法

1. 文本研究法。首先对马克思关于产业资本理论、生产劳动理论、劳动正义理论和工作日理论的相关著作及马克思主义继承者对其创新性发展的理论成果进行梳理归纳。在对其进行深入解构和归纳的基础上，熟知马克思政治经济学视域中的产业资本、生产劳动、劳动正义和工作日的概念范畴、主要内容和研究方法等基本情况，理解马克思主义继承者结合自己所处的时代背景所凝练和发展的相关内涵。其次是对国内马克思主义学者关于数字资本与数字零工的相关研究进行梳理归纳。了解学术界关于数字资本、数字平台和数字零工的研究理论成果、创新点以及现存问题与困境，总结归纳出数字资本、数字平台与数字零工的相关表征。最后，以理论指导实践，对数字平台进行政治经济学审视。

2. 逻辑与历史相统一方法。恩格斯认为，要从事物的相互关系与变化出发，在事物的形成逻辑中把握其概念。因此，对数字时代数字资本、数字平台与数字零工的关系与概念进行分析，必须了解"数字资本—数字平台—数字零工"的生成路径及其表征。因此，对于数字资本助推数字平台生成、数字平台改变生产方式的发展过程的考察，必须结合它们产生的基础、动因和表征来进行分析，避免以形而上学的思维方式，进行孤立的考察。

3. 理论与实际相结合方法。研究马克思政治经济学中的经典理论的价值意蕴必须密切结合正确引导和规范数字资本、发展和壮大数字平台的现实需要，构建起一座连通理论与实践的桥梁，以科学的理论指明数字平台有序发展的光明道路，打造公正和谐的市场经济发展环境。

第三节　国内外研究现状及评述

鉴于政治经济学视角下，围绕数字平台这一主题，针对数字资本（数字平台的来源）、数字平台（资本职能及对生产的影响）、数字零工（对就业的影响）展开深入研究，因此相关的研究动态，也主要围绕这三个对象展开梳理。

一　数字资本研究

"数字资本"是一个典型的马克思主义政治经济学术语，因此对该对象的研究，主要聚焦于国内。学者们从马克思经典理论出发，通过翻译与借鉴国外相关的研究成果，剖析数字资本与资本一般等方面之间的联系，探究数字资本生成路径及其运行规律，进一步对数字资本的剥削、垄断等弊端和非正义面向展开批判。

（一）数字资本内涵研究

作为西方舶来品的数字资本，当前学界对于数字资本定义和内涵尚不明确。部分学者认为，数字资本是资本对数据等新物质形式的一种占有姿态。蓝江指出，当传统资本占有了一般数据，即数据和云计算形成的庞大关联体系之后，一个新的资本体系——数字资本得以架构起来。[1] 对此，徐翔和赵墨非进一

---

[1] 蓝江：《数字资本、一般数据与数字异化——数字资本的政治经济学批判导引》，《华中科技大学学报》（社会科学版）2018年第4期。

步将数字资本近似定义为数据资本,认为数据资本就是将信息网络、数据库等作为载体,在充分利用技术的数字化、信息和数据的生产要素化实现对数据的占有,并在此基础上孕育出一种被指认为以数据形式存在的非货币性资产——数字资产。[1] 除此之外,还有学者将数字资本视作资本在当前时代进行增殖的一种新方式。吴媚霞等认为,数字资本是当前时代资本增殖和运作的新方式,其更多包含的是数字要素作为生产要素被纳入资本主义生产过程的数字资本化和资本剥削、资本增殖,以及资本扩张等数字化增殖路径的资本数字化双重维度。[2] 另有学者主张数字资本是资本利用数字技术发展出来的一种新资本。吴欢提出,数字资本是数字技术的资本表达,是数字技术发展催生出的资本形态数字化变革。[3] 刘贵祥也认为,数字资本是金融资本与信息技术相结合的产物。[4]

国外学者 Donaghy Dave 等认为,数字资本是指一个人或群体在数字技术的应用方面所拥有的被用于获取经济、社会和政治机会等方面的资源和能力,主要包括对数字技术的理解、能力和使用经验,以及相关的社会网络和社会关系资本。[5] 事实上,国外围绕"数字资本"的研究相对较少,且多从企业管理视角出发。进一步检索发现,多数学者倾向于从社会学、传播政治经济学与

---

[1] 徐翔、赵墨非:《数据资本与经济增长路径》,《经济研究》2020 年第 10 期。
[2] 吴媚霞、王岩:《数字资本化与资本数字化的学理考察及其启示》,《思想教育研究》2022 年第 9 期。
[3] 吴欢:《数字资本论析:结构特征与运动路径》,《经济学家》2021 年第 3 期。
[4] 刘贵祥:《历史唯物主义视阈中数字资本的异化及其扬弃》,《马克思主义研究》2022 年第 6 期。
[5] Donaghy Dave, "Defining Digital Capital and Digital Poverty", ITNOW, Vol. 63, No. 1, February 2021.

西方经济学等视角，将数字资本（Digital Capital）解读为"数字资本主义"（Digital Capitalism）来展开研究。Pace Jonathan 认为，数字资本主义是一种基于数字技术的生产和经济模式，是资本主义逻辑被扩展到数字领域的结果。[①] 然而，Christian Fuchns 却认为，数字资本主义是一种新的意识形态，它旨在利用数字机器这一工具来进行政治控制、经济积累以及意识形态操纵等行为，进而是一切都服务于资本增殖原则。[②] Jathan Sadowski 则认为，数字资本主义只是在当前背景下对原有政治形态的更新，是工业资本主义的变种。[③]

（二）数字资本性质研究

作为资本家族的一员，数字资本的资本本性并未发生实质性的改变。白刚指出，无论数字资本以何种方式出现，其作为资本的社会关系本质未曾改变，依旧具有无限增殖自身的本性，仍旧会引发资本与劳动之间的对立冲突。[④] 但是，作为资本发展的结果，时代也赋予了数字资本一些新的特性。闫瑞峰认为，有别于传统资本，数据是数字资本的基础，数字资本通过不断创新方式来推动和实现超传统、超规模级数据要素的有效组合，外溢出诸多数字创新成果，为生产力解放和发展注入更多可能。[⑤]

[①] Pace Jonathan, "The Concept of Digital Capitalism", *Communication Theory*, Vol. 28, No. 3, April 2018.

[②] Fuchns, C., "Industry 4.0: Tne Digital Gerrnan Ideology", *TripleC*, Vol. 16, No. 1, January 2018.

[③] Sadowski, J., *Too Smart: How Digital Capitalism Is Extracting Data, Controlling Our Lives, and Taking Over the World*, Cambridge: MIT Press, 2020, p. 155.

[④] 白刚：《数字资本主义"证伪"了〈资本论〉?》，《上海大学学报》（社会科学版）2018 年第 4 期。

[⑤] 闫瑞峰：《数字资本的伦理逻辑及其规范》，《海南大学学报》（人文社会科学版）2021 年第 4 期。

（三）数字资本生产方式研究

在数字平台等数字技术发展的不断推动下，生产方式数字化转型发生，数字劳动成为数字资本的主要生产方式。孟飞等进一步对数字劳动的两种形式加以区分，主张数字劳动是包含了雇佣形式下"有酬数字劳动"和非雇佣形式下"无酬数字劳动"的劳动形式。[①] 王永章则以政治经济学劳动三要素为基础，将数字劳动定义为劳动者以互联网平台为载体、运用数字化劳动工具参与数字化实践活动，形成数字劳动产品的过程。[②]

（四）数字资本效用研究

数字资本产生的各方面影响，主要归纳为积极和消极两个方面。在积极方面，宋建丽表明，数字资本的快速发展，使得人类智能化程度显著提高，劳动生产率获得提升，各种物质和精神需要得到有效满足，人类生产生活获得极大便利。[③] Massimo Ragnedda 等也通过实证研究发现，数字资本能通过提高经济表现、竞争力、创新能力和风险管理能力来增加公司的价值和竞争优势。[④] 在消极方面，罗铮等指出，数字资本的发展给人类社会带来了垄断、"杀熟"、逆向商品拜物教、数字异化等负面影响。[⑤] Johan Lindell 研究则发现，数字资本会对人们在数字领域中的数字

[①] 孟飞、程榕：《如何理解数字劳动、数字剥削、数字资本？——当代数字资本主义的马克思主义政治经济学批判》，《教学与研究》2021年第1期。

[②] 王永章：《数字劳动的马克思主义政治经济学分析》，《思想理论教育》2022年第2期。

[③] 宋建丽：《数字资本主义的"遮蔽"与"解蔽"》，《人民论坛·学术前沿》2019年第18期。

[④] Massimo Ragnedda, Maria Laura Ruiu, Felice Addeo, "Measuring Digital Capital: An Empirical Investigation", New Media & Society, Vol. 22, No. 5, August 2020.

[⑤] 罗铮、宁殿霞：《数字资本主义视域下的价值增殖研究——基于西方数字资本主义价值生产研究的思考》，《政治经济学评论》2022年第2期。

技能发展和获取、自我认同和参与程度、社会地位和经济机会以及文化理解和知识储备产生影响，进而影响数字鸿沟。① Eduard Safronov 指出，数字资本主义的算法和自动化工具在提高时间利用率的同时，也会模糊个人工作和生活之间的界限，进而加剧时间压力。② Törnberg Petter 等认为，数字资本主义利用互联网技术和社交媒体平台将注意力、情感和行为转化为生产要素，还会对身心健康产生负面影响。③ 尼克·斯尔尼塞克更是指出，随着数字资本主义的不断扩张，数字平台与平台经济兴起，还会孕育出一种新的资本主义商业模式——平台资本主义。④

（五）数字资本应对策略研究

关于如何应对数字资本，向东旭提出坚持人本立场的数字技术研发与运用，扬弃资本技术联姻下的理性统摄。⑤ 汝绪华等指出，应当从数字技术这一数字资本的基础出发，重视和发展数字技术，实现智慧治理。⑥ 在此基础上，武西锋等还表明可以从政府层面通过完善数字资本技术规范制度，来引导和塑造平台技术向善。⑦ Christian Fuchns 则认为，数字社会主义人文主义

---

① Johan Lindell, "Digital Capital: A Bourdieusian Perspective on the Digital Divide", *European Journal of Communication*, Vol. 35, No. 4, June 2020.

② Eduard Safronov, "'Digital Capitalism' and the Old Fairytale about Lost Time", *The Russian Sociological Review*, Vol. 19, No. 1, January 2020.

③ Törnberg Petter, Uitermark Justus, "Tweeting Ourselves to Death: The Cultural Logic of Digital Capitalism", *Media, Culture & Society*, Vol. 44 No. 3, October 2022.

④ ［加拿大］尼克·斯尔尼塞克:《平台资本主义》，程水英译，广东人民出版社2018年版，第7页。

⑤ 向东旭:《唯物史观视域下的数字资本逻辑批判》，《当代世界与社会主义》2021年第6期。

⑥ 汝绪华、汪怀君:《数字资本主义的话语逻辑、意识形态及反思纠偏》，《深圳大学学报》（人文社会科学版）2021年第2期。

⑦ 武西锋、杜宴林:《经济正义、数字资本与制度塑造》，《当代财经》2023年第3期。

将是数字资本主义的替代品,它作为一种数字民主形式组织的数字社会,能让数字技术帮助人们创造更多财富、参与度、认可度和发言权。① Hardy Hanappi 从社会意识形态的角度出发,认为对抗数字资本主义的侵蚀需要先驱者的领导,即要依靠一个新的阶级——有机知识分子阶层。② Jamie Ranger 则主张,在社会层面,采取"减速"主义态度来减少数字化的过度干预,以此恢复用户主观性来抵御数字资本主义。Lutz James M. 提出,加强数字资本主义治理的最好方式是通过重建公共信任、建立全球治理机制、加强数字隐私保护、改革选举制度等途径来推进民主制度的革新。③

二 数字平台研究

数字资本出现后,对剩余价值的角逐也从传统实体领域向数字领域扩张。在此基础上,资本有机构成的提高表现为新型组织——数字平台的诞生。数字平台的突出效能使其成为各国竞争和发展的重点领域。这也引起了学界对其浓厚的研究兴趣。

(一) 数字平台定义

围绕数字平台的定义,学界主要分为两大派别。

一是将数字平台视为专门化技术设施与空间场域。谢富胜等将数字平台视作集合收集、处理、传输以及生产、分配、交换与

---

① Fuchns, C., "Towards a Critical Theory of Communication as Renewal and Update of Marxist Humanism in the Age of Digital Capitalism", *Journal for the Theory of Social Behaviour*, Vol. 50, No. 3, June 2020.

② Hanappi, H., "A Global Revolutionary Class Will Ride the Tiger of Alienation", *TripleC*, Vol. 18, No. 1, January 2020.

③ Lutz, James M., "Renovating Democracy: Governing in the Age of Globalization and Digital Capitalism", *The European Legacy*, Vol. 26, No. 6, April 2019.

消费等经济活动信息为一体的一般性的数字化基础设施。[①] 张旺等认为，数字平台是促进生产者与有价值的消费者进行互动的一般性数字化基础设施。[②] 李夏迪等主张，数字平台是由数字化基础设施和模块化服务组成的，它将能够整合企业可用的信息，旨在提供互补产品与服务的虚拟场所。[③] Tiwana等认为，平台是集合营销、软件工程、产品和用户于一体的服务双侧网络系统。[④]

二是将数字平台视作新型商业模式。金红认为，数字平台是撮合供给和需求双方成交的以互联网运行模式为主的中介机构，其主体常为从事互联网经营活动的法人单位或产业活动单位。[⑤] 姜尚荣等主张，数字平台是一种跨边界的价值共创载体，它能够通过与消费者、互补企业、外部资源和社会技术系统产生紧密联结，产生了良好的价值共创实践。[⑥] 周洲等则指出，数字平台是企业利用数字组件和数字基础设施管理信息和整合资源，促进用户交互与交易，并实现价值创造与获取的商业模式。[⑦] 梁九业也强调，数字平台是一种以网络信息技术为支撑，使相互依

[①] 谢富胜、江楠、吴越：《数字平台收入的来源与获取机制——基于马克思主义流通理论的分析》，《经济学家》2022年第1期。

[②] 张旺、白永秀：《数据商品生产及其流通的政治经济学分析》，《当代经济研究》2024年第5期。

[③] 李夏迪、林汉川：《数字平台应用影响中小企业组织韧性的作用机制——基于双元学习的视角》，《科技管理研究》2024年第7期。

[④] Tiwana, A., Konsynski, B., Bush, A. A., "Research Commentary—Platform Evolution: Coevolution of Platform Architecture, Governance, and Environmental Dynamics", *Information Systems Research*, Vol. 21, No. 4, November 2010.

[⑤] 金红：《共享经济对重要统计数据的影响——兼论统计视角的共享经济内涵》，《调研世界》2017年第3期。

[⑥] 姜尚荣等：《价值共创研究前沿：生态系统和商业模式创新》，《管理评论》2020年第2期。

[⑦] 周洲、吴馨童：《知识产权保护对企业数字化转型的影响——来自"三审合一"改革的经验证据》，《科学学与科学技术管理》2022年第6期。

赖的双边或多边主体在特定载体规则下进行交互，从而共同创造价值的商业模式。①

（二）数字平台特征

从当前学界对于数字平台特点的论述与研究中，大致可以整理出三个方面的特征。

一是时空超越性。黄奇帆等主张，数字平台具有"五全"特征，即全流程、全场景、全解析、全价值、全空域。其中，全空域与全流程表明，数字平台能够有效突破传统时空限制，广泛渗透于用户生产生活的各个方面。②舒成利等指出，数字平台的最大优势便是能够利用其所打造的虚拟空间，实现平台与企业或其他用户等主体开展跨时空的即时交流与互动。③

二是行为解码性。王宝珠等认为，数字平台这一中介能够有效实现物理空间信息向虚拟空间数据转变。④闫坤如等指出，数字平台能够将用户在其上所进行的一切行为转化为数据并记录于数字系统中。⑤Robert Pike等指出，数字平台能够通过由各类移动终端和电子设备组成的数据收集网络，在不受时空限制的条件下对数字平台用户或消费者的行为进行监测并全息数据。⑥

三是总体吸纳性。朱巧玲等认为，数字平台能够使分散资金

---

① 梁九业：《数字平台版权集中的体系化治理研究》，《南大法学》2023年第2期。
② 黄奇帆等：《数字上的中国》，中信出版社2022年版，第8页。
③ 舒成利：《数字平台场域互动观的建构研究》，《华东经济管理》2024年第4期。
④ 王宝珠、王朝科：《数据生产要素的政治经济学分析——兼论基于数据要素权利的共同富裕实现机制》，《南京大学学报》（哲学·人文科学·社会科学）2022年第5期。
⑤ 闫坤如、李翌：《劳动价值论视域下的数字劳动探析》，《思想理论教育》2023年第4期。
⑥ Robert Pike, Dwayne Winseck, "The Politics of Global Media Reform, 1907-23", *Media Culture & Society*, Vol. 26, No. 5, September 2004.

更为便携地转化为资本从而为了满足资本增值，必然更加广泛地吸引劳动力①。崔健等还指出，当前数字平台所采取的开放性准入原则，使得人们在不享有对平台等事物所有权的情况下就能够自由进行生产活动，因而具备更加强大的用户吸引力。②王欢等也认为，数字平台能够凭借其媒介属性与网络效应成功吸纳社会劳动力与资本剩余③。Eisenmann 等认为，平台企业通常会采用搭售（Tying）、捆绑（Bundling）等策略来满足优势客户的多样性需求，从而增强已有用户黏性，并不断获取其他平台优势客户。④

（三）数字平台积极作用

从当前学界对于数字平台积极作用的论述与研究中，大致可以梳理出三个方面的作用。

一是促进企业发展。邬爱其等认为，制造企业能够利用数字平台组织逻辑转变为以生态系统为主导，并通过培养价值共创能力来提供互补服务，在协同中降低成本。⑤赵慧娟等认为，平台生态系统嵌入中小企业后，能够降低创新资源的获取时间与成本，提高资源质量与准确度，从而有助于其创新柔度的提升。⑥Karhu 等指出，数字平台能够通过建立边界资源（如 API 和应用

---

① 朱巧玲、闫境华、石先梅：《数字经济时代价值创造与转移的政治经济学分析》，《当代经济研究》2021 年第 9 期。
② 崔健、李真真：《数字资本主义的缘起、内症及迷局》，《学术交流》2022 年第 5 期。
③ 王欢、杨渝玲：《平台资本主义的空间悖论及其消解》，《思想教育研究》2023 年第 1 期。
④ Eisenmann, T., Parker G., Van Alstyne M. W., "Strategies for Two-sided Markets", *Harvard Business Review*, Vol. 84, No. 10, October 2006.
⑤ 邬爱其、宋迪：《制造企业的数字化转型：应用场景与主要策略》，《福建论坛》（人文社会科学版）2020 年第 11 期。
⑥ 赵慧娟等：《平台生态嵌入、数据赋能对中小制造企业创新柔性的影响——基于资源编排视角》，《研究与发展管理》2022 年第 5 期。

商店）来允许第三方参与者为平台开放和共享补充内容，以及使用开源许可证边界资源来开放和共享平台的核心资源，从而促进企业创新和价值创造。①

二是促进经济发展。钟勇指出，数字平台因其技术特性能够大幅降低交易费用，提高社会分工水平和经济发展水平，从而能够推动形成供求两旺的以高质量发展为基础的可持续的强大国内市场。②王天晓等认为，数字平台能够通过信息共享机制拓宽市场边界、劳动致富机制推动就业机会均等化、普惠共享机制增强公共服务可及性，进而助力中国式现代化发展。③欧阳康等认为，数字平台的应用能够提高生产环节效率、优化社会分配格局、降低交易成本，以及引领消费扩容升级。④

三是优化生产劳动。孙伟平等认为，数字平台在劳动生产中的运用能够使劳动突破传统工厂和工作日的时空限制，脑力劳动逐渐取代体力劳动，劳动过程表现为物质与非物质的统一，劳动组织形式表现出显著的多样化和个性化。⑤焦勇等认为，数字平台能够利用算法调配劳动资源和劳动时间，使消费者与生产者相结合并自愿参与社会分工。⑥文军等则从具体劳动出发，指出数

---

① Karhu, K., Gustafsson, R., Lyytinen, K., "Xploiting and Defending Open Digital Platforms with Boundary Resources: Android's Five Platform Forks", *Information Systems Research*, Vol. 29, No. 2, May 2018.
② 钟勇:《平台经济助推新发展格局构建的机理与路径》,《新视野》2021年第5期。
③ 王天晓、吴宏政:《面向中国式现代化：平台经济高质量发展助力共同富裕的战略抉择》,《新疆社会科学》2023年第4期。
④ 欧阳康、杨德科:《数字劳动的资本积累逻辑探究》,《南京社会科学》2023年第9期。
⑤ 孙伟平、尹帮文:《论数字劳动及其与劳动者的双向建构》,《社会科学辑刊》2022年第6期。
⑥ 焦勇、齐梅霞:《数字经济赋能新质生产力发展》,《经济与管理评论》2024年第3期。

字平台作用下，劳动空间实现多样化"流动的"空间，劳动时间变得碎片化、弹性化，劳动主体成分更加多元。① Constantinides 等认为，数字平台能够有效促进外部生产者和消费者之间的互动，集合包含服务和内容在内的数字资源，进而影响价值生产方式。②

（四）数字平台消极影响

当前学界对于数字平台消极影响的论述与研究，大致表现在两个方面。

一是数字平台的垄断问题。熊鸿儒认为，不同数字平台间的竞争主要围绕注意力或用户开展，其成功关键在于运营规模，由此引发的规模经济和网络效应会创造相应的进入壁垒，从而导致"一家独大"市场格局形成。③ 孙晋认为，数字平台存在着动态竞争、跨界经营、扼杀式并购、寡头竞争等特征，受此影响其商业疆界无序扩张，垄断竞争问题更为复杂。④ 杨东等指出，数字平台会通过排他性条款限制对手收集数据，在此基础上通过对技术和算法设计取得一定市场影响或优势地位。⑤ 唐要家认为，数字平台具有的网络效应、大数据与算法结合等特点，会导致高集中市场结构和高市场准入壁垒，进而引发强有力的、可维持的平台垄断势力。⑥ CMA 研究发现，过度集中导致的过

---

① 文军、刘思齐：《从"不稳定性"到"不确定性"：数字化转型背景下不确定性工作的兴起及其启示》，《社会科学研究》2024年第3期。
② Constantinides, P., Henfridsson, O., Parker, G. G., "Introduction—platforms and Infrastructures in the Digital Age", *Information Systems Research*, Vol. 29, No. 2, May 2018.
③ 熊鸿儒：《我国数字经济发展中的平台垄断及其治理策略》，《改革》2019年第7期。
④ 孙晋：《数字平台的反垄断监管》，《中国社会科学》2021年第5期。
⑤ 杨东、臧俊恒：《数字平台的反垄断规制》，《武汉大学学报》（哲学社会科学版）2021年第2期。
⑥ 唐要家：《数字平台反垄断的基本导向与体系创新》，《经济学家》2021年第5期。

高进入壁垒削弱了新平台挑战现有平台的能力，固化了现有平台的市场势力和主导地位，先入平台公司垄断定价和利用市场势力削弱潜在竞争者的能力获得提高，并最终形成自身垄断地位。① 此外，Dean还以优步（Uber）司机与生产资料的关系为例，研究发现，在具体生产过程中，优步公司虽然不占有具体的生产资料，却能够通过乘客评价系统强制司机维护生产资料，通过平台派单系统控制司机的生产活动，从而进一步实现对生产资料的全面垄断。②

二是数字平台的异化困境。秦臻等指出，数字平台借助众包模式，大量利用具备"自我雇佣"特点的独立承包商取代传统正规的工薪雇员，致使劳动者的工时、工资、福利等权益保障机制越发不稳定。③ 彭鸽和崔平认为，在资本逻辑影响下，数字平台在分配端的主导地位，会导致社会财富占用两极分化，从而破坏社会再生产的正常比例，严重挫伤数字劳动者的劳动积极性与创造性。④ 尹寒进一步指出，在数字平台吸纳用户进行活动时，其闲暇时间进一步被转化为数据生产时间，同时生产生活时间也被置于平台全方位监控之中⑤。Fulcher也指出，在数字平台的持续作用下，人们的闲暇也逐渐通过商品化的过程成为资本

---

① CMA, "Online Platforms and Digital Advertising" (2020 – 07 – 01) [2024 – 03 – 16], https://assets.publishing.service.gov.uk/media/5fa557668fa8f5788db46efc/Final_report_Digital_ALT_TEXT.pdf.

② Dean, J., "Same as It Ever Was？" (2022 – 05 – 06) [2024 – 03 – 16], https://newleftreview.org/sidecar/posts/same-as-it-ever-was.

③ 秦臻、王生升：《信息技术条件下生产网络的特征与影响——一个政治经济学分析》，《教学与研究》2022年第5期。

④ 彭鸽、崔平：《共同富裕：数字劳动与数字资本剥削的中国应对》，《重庆社会科学》2024年第3期。

⑤ 尹寒：《数字劳动异化的实质、表现及其超越》，《思想教育研究》2024年第2期。

主义创造的产物。①

三　数字零工研究

在数字平台的基础上，劳动方式发生深刻变革，其中最为显著的便是催生出一种新型就业和劳动形态——数字零工。它的出现极大地改变了资本增殖方式和传统雇佣劳动形式。

（一）数字零工内涵研究

国内学者认为，数字零工是平台和零工结合的产物。张志安与姚尧认为，数字平台下的零工劳动与传统劳动最大的区别在于提供了一个取代临时职业中介的数字基础设施。②王茜则从法学角度提出，数字平台下的零工劳动是指平台企业与个人、承包组织签订服务合作协议，进行业务授权和区域分包催生出的"平台+个人"或"平台+组织+个人"的用工模式。③周安安指出，在互联网平台劳动创生初期，资方和大众传媒描绘的劳工与平台之间更为自由的平等协作关系是数字零工的外在表现。④国外学者关于数字零工的概念可以总结为"互联网零工"或"在线零工"。Alex J. Wood 等指出，数字零工是一种通过互联网平台进行的在线的、采取短期的并按需支付的服务型工作。⑤James Al 定义数字零工为一种新型劳动形式，即以短期合同或项目为基础的、通过在线平台或应用程序进行应聘和支付的自由职业者或独

---

　　① Fulcher, J., *Capitalism*: *A Very Short Introduction*, Oxford University Press, 2004, p. 8.
　　② 张志安、姚尧：《互联网平台劳动的社会影响及研究启示》，《新闻与写作》2020年第12期。
　　③ 王茜：《平台三角用工的劳动关系认定及责任承担》，《法学》2020年第12期。
　　④ 周安安：《平台劳动：从"乌托邦"到"利维坦"》，《文化纵横》2021年第4期。
　　⑤ Alex J. Wood, et al., "Networked but Commodified: The (Dis) Embeddedness of Digital Labour in the Gig Economy", *Sociology*, Vol. 53, No. 5, February 2019.

立工作者，常被称为"独立承包商""在线工作者"等。[①] Myhill Katie 等则将数字零工理解为一种短期、临时、不稳定的基于项目的工作，通常由数字平台提供，并且缺乏社会保障和工作保护的工作形式。[②] Huđek Ivona 等主张，数字零工是互联网发展和数字化转型催生出的新商业模式，它是指个人通过数字平台向其他企业或个人提供固定时间的服务以换取收入的工作形式。[③]

(二) 数字零工特征研究

作为数字时代零工劳动发展的特有形式，数字零工在个体层面、时空层面和成本层面具有诸多新的时代特征。在个体层面，卢江和刘慧慧认为，数字平台下的零工劳动者拥有工作的自主权，此时的劳资关系已经由固定的、具有显著特征的社会契约转变为灵活的、隐性的市场化契约关系，同时劳动资料的所有权也转变为劳动者所有，劳动者具有更强的个体自由，成为自由劳动者。[④] Jafet Morales 等认为，数字零工通常都具备一定的数字技能和技术能力，并能够运用这些工具和技术提高工作效率和灵活性。[⑤] Duggan James 等指出，数字零工所具有的低准入门槛和工作便利性，为以增加自主性为特征的灵活工作安排提供了更多无边界的

[①] James Al, "The Gig Economy: A Critical Introduction", *Economic Geography*, Vol. 97, No. 1, January 2021.

[②] Myhill Katie, Richards James, Sang Kate, "Job Quality, Fair Work and Gig Work: The Lived Experience of Gig Workers", *The International Journal of Human Resource Management*, Vol. 32, No. 19, December 2021.

[③] Huđek Ivona, Širec Karin, "The Terminology and the Concept of the Gig Economy", *Ekonomski Pregled*, Vol. 74, No. 1, February 2023.

[④] 卢江、刘慧慧:《数字经济视阈下零工劳动与资本弹性积累研究》,《天津社会科学》2020 年第 4 期。

[⑤] Jafet Morales, et al., "Technology-based Health Promotion: Current State and Perspectives in Emerging Gig Economy", *Biocybernetics and Biomedical Engineering*, Vol. 32, No. 19, August 2019.

机会。① 在时空层面，孙蚌珠和石先梅认为，劳动者通过数字平台可以自由利用闲置的资源提供服务，这个资源可以是资本、时间或者自身的人力资本，数字平台为零工经济突破时空限制提供可能。② 在成本层面，丁未通过对滴滴平台进行研究，发现通过大数据对"微循环流"的精准供需匹配，使得资本完成一次循环与流通周期的时间不断缩减，平台成本不断降低，而收益却不断累积。③ 似在不断优化，实则是借此强化对骑手的控制，蚕食骑手的自主性空间。④

（三）数字零工发展对策研究

国内学者认为，助推数字零工发展主要应从平台、零工方面发力。朱阳和黄再胜指出，可以充分利用数字平台的成本缩减优势，减少人的低端重复劳动，将资金充分有效利用于数字技术发展，并利用区块链技术的不可篡改性和不可伪造性，追本溯源劳动者的贡献，充分实现按劳分配。⑤ 陈向东等认为，数字平台在保障个体自由时应当注重不断提升个体专业化和精细化程度，使零工适应劳动发展趋势，充分利用数字平台优势。⑥ 闫

---

① Duggan James, Sherman Ultan, Carbery Ronan, McDonnell Anthony, "Boundaryless Careers and Algorithmic Constraints in the Gig Economy", *The International Journal of Human Resource Management*, Vol. 33, No. 22, July 2022.

② 孙蚌珠、石先梅：《数字经济劳资结合形式与劳资关系》，《上海经济研究》2021年第5期。

③ 丁未：《遭遇"平台"：另类数字劳动与新权力装置》，《新闻与传播研究》2021年第10期。

④ 陈龙：《"数字控制"下的劳动秩序——外卖骑手的劳动控制研究》，《社会学研究》2020年第6期。

⑤ 朱阳、黄再胜：《数字劳动异化分析与对策研究》，《中共福建省委党校学报》2019年第1期。

⑥ 陈向东、张凤、Paul M. A. Baker：《零工经济与分享经济对劳动的再造与提升》，《中国软科学》2020年第1期。

境华等主张，必须切实保护兼职、自由职业者以及合同工这三类常见的数字平台劳动服务提供者的合法利益，尤其是提高对利用数字平台进行劳动的从业者的个人保障，坚决打击发布虚假招聘信息的行为。① 国外学者则从政府、社会等方面提出了诸多构想。James Al 指出，政府应该通过保障零工基本权益，支持工人组织和协会，制定适应性法律法规，并向各企业提供培训和教育、开发新的商业模式和技术，为零工经济提供更好的支持和发展机会。② Choudhary Vedant 等从印度数字零工发展状况着手剖析，阐发了从制定保护劳工权益的法律法规、通过数字化技术解决信息不对称问题、提高零工工人的技能水平、推广社会保障计划、加强监管和执法等方面改善印度数字零工处境的具体对策。③ Maffie Michael David 利用来自 84 名网约车司机的原始定性数据进行研究发现，零工摆脱束缚的方式有两种：一是直接退出；二是在零工经济中追求独立和自主性，类似于海盗的生活方式。④

四 研究现状评述

综上所述，围绕数字平台这一主题，针对数字资本、数字平

---

① 闫境华、石先梅：《零工经济资本与劳动之间关系的政治经济学分析》，《理论月刊》2021 年第 8 期。

② James Al, "The Gig Economy: A Critical Introduction", *Economic Geography*, Vol. 97, No. 1, January 2021.

③ Choudhary Vedant, Shireshi S., "Analysing the Gig Economy in India and Exploring Various Effective Regulatory Methods to Improve the Plight of the Workers", *Journal of Asian and African Studies*, Vol. 57, No. 7, March 2022.

④ Maffie Michael David, "Becoming a Pirate: Independence as an Alternative to Exit in the Gig Economy", *British Journal of Industrial Relations*, Vol. 61, No. 1, April 2022.

台、数字零工三个紧密相关的对象，已经有了丰硕的研究成果，得出了不少真知灼见。尤其是，"数字资本"这一典型的马克思主义政治经济学术语，从政治经济学视角，探究数字资本生成路径及其运行规律，进一步对数字资本的剥削、垄断等弊端和非正义面向展开批判；数字平台，则从其内涵、特征（时空超越性、行为解码性以及总体吸附性）、作用（促进企业发展、促进经济发展、优化生产劳动）等多视角展开了深入研究；数字零工，则是数字平台对就业的影响之下产生的新型就业模式。不过本书认为，在此基础上，围绕数字平台这一主题，仍有不少值得进一步研究之处。

1. 数字平台来自何处。人类已经进入了数字时代，数字平台日益成为主流的生产组织与商业中介的混合体，那么，数字平台缘何产生？基于马克思主义政治经济学视角，数字平台是数字资本追求剩余价值最大化之下的产物。追根溯源，本书将围绕数字资本的特征以及与数字平台的关系，基于资本二重性理论（生产关系一般性与生产要素特殊性）展开深入研究，相关内容详见第三章。

2. 数字平台的特性。数字平台作为一种新型商业形态系统，本身具有生产职能与商业职能，基于二重资本理论（马克思产业资本理论与商业资本理论）视角，对数字平台的这一二重资本职能表现，展开深入分析，相关内容详见第四章。

3. 数字平台对经济的影响。数字平台影响是多方面的，作为一种新型生产组织形式，其对实体经济的影响如何？本书将对此展开深入分析，相关内容详见第五章；作为一种新型的生产组织形式，生产结构的演变趋势如何？本书对此问题的分析，详见第六章。

4. 数字平台对就业的影响。数字平台对就业的影响巨大，数字平台凭借其垄断优势与去雇佣化模式，致使传统雇佣劳动模式下的数字雇佣劳动处于"非正义"状态，本书将在第七章对此展开深入分析；进一步，数字平台催生了大量的数字零工产生，数字零工在去雇佣化的模式之下，其"劳动异化"程度日益加剧，本书在第八章对此问题展开分析。

5. 数字平台对新质生产力发展的影响。数字平台作为现代信息技术创新发展之下的一种新型组织，是各种"创新"综合作用之下的产物；新质生产力，其核心理念就是强调"创新"，强调传统生产力三要素更新跃升及其要素之间的优化配置。那么，当以"创新"为生命力的新质生产力遇上创新集成之下的"数字平台"，会产生何种效应？目前这方面的研究还很少见，本书将在第九章对此问题展开深入分析。

第四节 技术路线与创新之处

一 技术路线

本书围绕"数字平台的政治经济学批判"这一主题，结合文本研究法、逻辑与历史相统一以及理论与实际相结合等方法，拟从十个章节展开研究。

第一章，导论。本章主要论述开展数字平台政治经济学批判的时代背景、重要意义。在此基础上进一步研究数字平台的重要组成，数字资本、数字平台与数字零工。同时，通过对学界关于其组成部分的研究动态进行梳理，进一步提出了本书研究所采取的方法与思路。

第二章，数字平台政治经济学批判的理论基础。本章着重阐释了本书研究所借鉴和应用的马克思主义政治经济学理论。主要包括产业资本理论、生产劳动理论、劳动正义理论和工作日理论。

第三章，催生数字平台的数字资本二重性分析。本章重在探讨数字资本的生成路径和基本特征。首先，数字资本本身依旧是符合资本一般的社会关系，因而符合传统资本的发展规律性。数字资本的生成前提依旧是数字时代劳动者与生产资料所有权的分离，其增殖路径依旧主要来源于对数字劳动生产方式的剥削。因此，作为数字时代的资本形态，数字资本的发展本质仍然是为了追求剩余价值。其次，立足数字资本的时代背景，进一步考察数字资本相比于传统资本的新变化，其基本表征为具体样态的特殊性，即以数据作为核心劳动对象和以数字技术为关键劳动资料。

第四章，数字平台的二重资本职能表现。本章以马克思产业资本理论为指导，进一步对数字平台作为数字资本重要增殖场域与技术所表现出的产业资本职能和商业资本职能进行了考察，并揭示了其由产业向商业转型的趋势。

第五章，数字平台场域下实体经济发展趋势。在数字平台场域下，一方面，实体经济能够通过平台与传统生产资料结合，使得生产资料向智能化、数字化方向转型，提升生产过程的人力监管与组织管理效率，并且以众包或外包形式实现企业全职劳动力成本显著下降；另一方面，实体经济又因为数字平台的利润分割主导权，面临趋于萎缩的困境。

第六章，数字平台场域下生产结构变迁趋势。数字平台的发展催生出大量数字零工，这在极大程度上改变了社会生产结构。一方面，直接生产劳动力向数字零工流失，生产性零工、运输性零工与非生产性零工在社会就业结构中的占比不断提高；另一方面，伴随着数字技术不断发展，生产性零工对数字能力的高要求，致使越来越多的劳动力向运输性与非生产性零工迁移。

第七章，数字平台场域下雇佣劳动正义审视。数字资本还借由数字平台的连通性打造其全球数字网络，实现市场规模的世界性扩张，不断壮大其数字劳动力获取渠道，实现数字资本权力的扩张和对劳动的总体性吸纳。其结果是"数字鸿沟"阻碍着零工的能力提升，"数字监狱"加剧主体对立，"数字奴隶"深陷隐性剥削，"数字穷人"沦为分配祭品等正义困境。

第八章，数字平台场域下数字零工异化审视。从现实的外在表现来看，数字平台场域下的数字零工相比于雇佣劳动而言，具有了劳动过程摆脱时空束缚、准入门槛呈现强包容机制以及用工方式采取任务机制等新特征。但其背后，是在工作日时间维度上，数字技术渗透来模糊工作日的产休界限、利用算法逻辑来突破工作日的生理道德界限以及借由去雇佣化来加剧零工"自我剥削"的困局。并且，在此基础上，零工劳动的异化状态以劳动数据商品化、剥削过程隐性化、劳动自觉迷失化、主体关系对立化的方式持续加深。

第九章，新质生产力视域下数字平台要素吊诡。新质生产力以创新为主导，要素优化组合与更新跃升是重要路径之一。数字平台在这方面具有独特优势,不过实际中则呈现出要素优化与要素垄断的吊诡性:要素优化方面,劳动者、劳动资料以及劳动对象三种生产要素不仅通过数字平台实现了要素配置优化组合,并且三要素向数字劳动者、数字劳动资料以及数字劳动对象更新跃升,从而促进了新质生产力发展;要素垄断方面,平台资本垄断数据要素导致资本无序扩张、挤压传统经济发展空间、限制市场创新、损害消费者合法权益,从而不利于新质生产力的发展。数字平台对新质生产力发展存在双重效应。

第十章,数字平台发展的中国启示。辩证地看待数字资本的二重性,以及在其影响与作用之下,数字平台所呈现出的二重职能性,对新质生产力发展存在的双重效应,对其在制度层面进行积极扬弃是实现数字平台有序发展的前提,在制度的监管下,要正视数字平台发展中的实体经济萎缩、生产结构变迁趋势,以及雇佣劳动正义困境、零工工作日困局,坚持具体问题具体分析,采取针对性举措。

本书技术路线如图 1-1 所示。

二 创新之处

本书基于马克思主义政治经济学经典理论,对数字平台及其衍生主体展开深入研究,创新之处主要体现在如下几个方面。

1. 数字资本的二重性分析。基于马克思主义政治经济学资本二重性理论,对数字资本二重性——作为社会关系的一般性,以及作为生产要素的特殊性,进行深入分析,并且对于在新时代中国特色社会主义之下,如何引导数字资本规范发展,扬数字生产要素之效率,抑资本逐利之不利,提出了相应政策建议,有一定

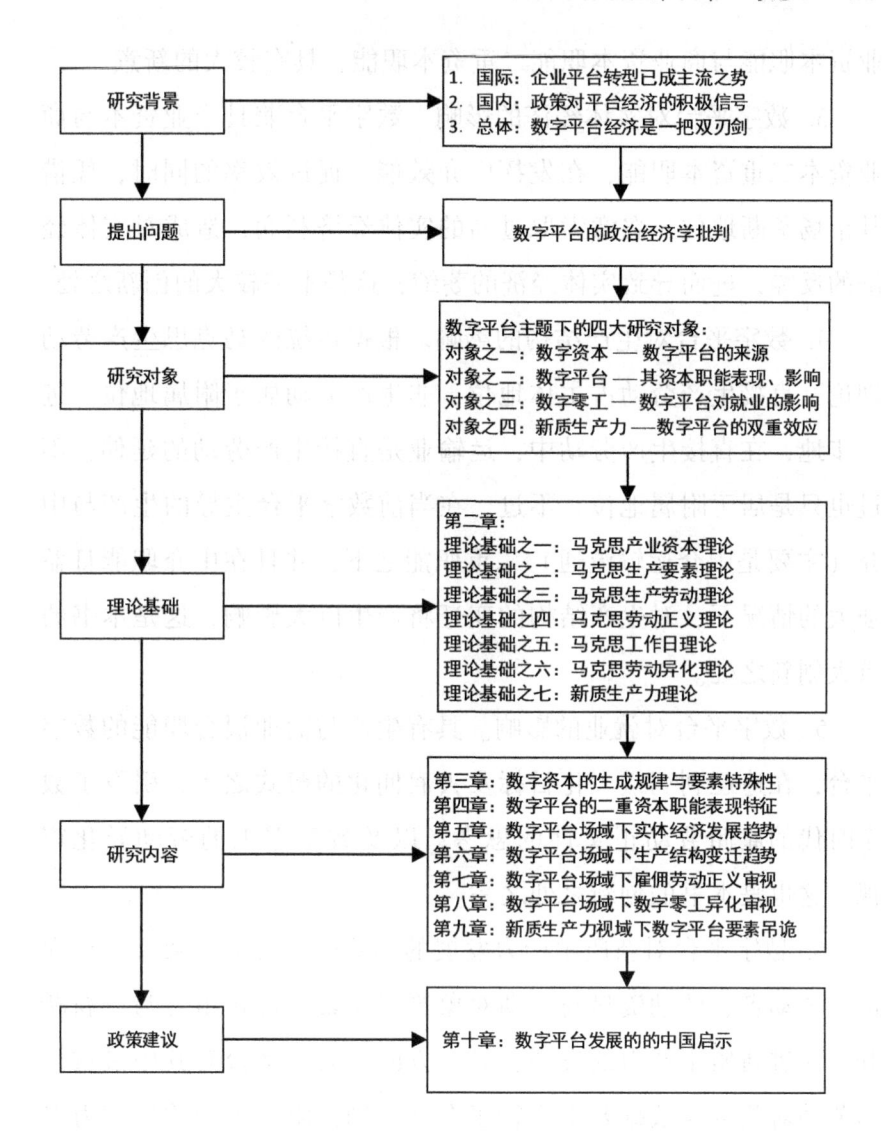

```
┌─────────┐    ┌──────────────────────────────────┐
│ 研究背景 │───▶│ 1. 国际：企业平台转型已成主流之势  │
└─────────┘    │ 2. 国内：政策对平台经济的积极信号  │
     │         │ 3. 总体：数字平台经济是一把双刃剑  │
     ▼         └──────────────────────────────────┘
┌─────────┐    ┌──────────────────────────────────┐
│ 提出问题 │───▶│       数字平台的政治经济学批判     │
└─────────┘    └──────────────────────────────────┘
     │         ┌──────────────────────────────────┐
     ▼         │ 数字平台主题下的四大研究对象：      │
┌─────────┐    │ 对象之一：数字资本——数字平台的来源 │
│ 研究对象 │───▶│ 对象之二：数字平台——其资本职能表现、影响│
└─────────┘    │ 对象之三：数字零工——数字平台对就业的影响│
     │         │ 对象之四：新质生产力——数字平台的双重效应│
     │         └──────────────────────────────────┘
     ▼         ┌──────────────────────────────────┐
┌─────────┐    │ 第二章：                          │
│ 理论基础 │    │ 理论基础之一：马克思产业资本理论   │
│         │───▶│ 理论基础之二：马克思生产要素理论   │
└─────────┘    │ 理论基础之三：马克思生产劳动理论   │
     │         │ 理论基础之四：马克思劳动正义理论   │
     │         │ 理论基础之五：马克思工作日理论     │
     │         │ 理论基础之六：马克思劳动异化理论   │
     │         │ 理论基础之七：新质生产力理论       │
     ▼         └──────────────────────────────────┘
┌─────────┐    ┌──────────────────────────────────┐
│ 研究内容 │    │ 第三章：数字资本的生成规律与要素特殊性│
│         │───▶│ 第四章：数字平台的二重资本职能表现特征│
└─────────┘    │ 第五章：数字平台场域下实体经济发展趋势│
     │         │ 第六章：数字平台场域下生产结构变迁趋势│
     │         │ 第七章：数字平台场域下雇佣劳动正义审视│
     │         │ 第八章：数字平台场域下数字零工异化审视│
     │         │ 第九章：新质生产力视域下数字平台要素吊诡│
     ▼         └──────────────────────────────────┘
┌─────────┐    ┌──────────────────────────────────┐
│ 政策建议 │───▶│     第十章：数字平台发展的的中国启示│
└─────────┘    └──────────────────────────────────┘
```

图 1-1 本书技术路线

新意。

2. 数字平台的二重资本职能分析。数字平台兼具生产组织职能与商业中介职能，基于马克思主义政治经济学视角，分析其产业资本职能与商业资本职能二重资本职能，具有较大的新意。

3. 数字平台对实体经济的影响。数字平台兼具产业资本与商业资本二重资本职能，在发挥中介效能、促进效率的同时，凭借其市场垄断地位，恣意索取过高的实体经济利润，造成对实体经济的反噬，进而导致实体经济的萎缩，这是本书较大的创新之处。

4. 数字平台对生产结构的影响。根据传统的马克思生产劳动理论，直接生产劳动占主体地位，非生产劳动居于附属地位。进一步地，在直接生产劳动中，运输业是直接生产劳动的延伸，不过也只是居于附属地位。不过，在当前数字平台主导的生产与中介（主要是中介运输流通）二重职能之下，并且在中介职能日益强大的情况下，对生产结构的变迁将产生巨大影响，这是本书的重大创新之处。

5. 数字平台对就业的影响。具有生产与商业混合职能的数字平台，在追逐利润最大化目标及去雇佣化的模式之下，引发了数字时代的雇佣劳动正义性的思考，以及数字零工的劳动异化审视，这也是本书的创新之处之一。

6. 数字平台对新质生产力发展的影响。一方面，数字平台促进了劳动者、劳动资料与劳动对象等三要素的优化组合与更新跃升，促进新质生产力的发展；另一方面，数字平台对其中最重要的劳动对象――数据要素进行了垄断控制，阻碍了新质生产力发展。总体而言，新质生产力视域之下的数字平台存在数据要素优化与垄断的吊诡现象，具有较大新意。

第二章

数字平台政治经济学批判的理论基础

　　本章通过对马克思主义政治经济学理论进行全面解读，在充分梳理基础上，选取相对具有代表性和针对性的七大经典理论作为开展数字平台政治经济学研究的理论基础，一是马克思产业资本理论，用于后续考察数字平台在数字资本影响下所表现出的多重资本职能与循环过程；二是马克思生产要素理论，用于后续研究数字平台之下实体经济的萎缩发展趋势；三是马克思生产劳动理论，用于后续考察数字平台作用下的社会劳动方式；四是马克思劳动正义理论，用于后续考察数字平台场域下的雇佣劳动；五是马克思工作日理论，用时间维度来检视后续研究中零工劳动去雇佣化背后的劳资关系；六是马克思劳动异化理论，分析数字平台之下数字零工异化现象；七是新质生产力理论，从生产要素优化与数据要素垄断两方面，来分析数字平台对新质生产力发展的双重效应。

第一节 马克思产业资本理论

产业资本是资本循环总过程中资本价值呈现形式的总称。在资本主义机器大工业时代，资本主义的整个生产过程被分为生产、流通、交换和分配四个步骤，其中交换又蕴含在流通之中，而分配则是在流通结束后对剩余价值的重新切割，以保证各方利益和需求得到满足，资本主义生产过程得以持续进行。因此，对整个资本主义生产过程的把握，可以从剩余价值这一贯穿始终的主线出发，重新划分为剩余价值创造的生产过程以及剩余价值实现的流通过程。基于此，从资本价值在不同领域的外在表现形式出发，在生产阶段资本价值以生产要素、劳动资料和劳动力等生产资本形式存在，而在流通阶段资本价值则附着于货币与商品之上，蕴含在货币资本与商品资本形式之中。随着资本主义生产方式的不断进行，资本价值总是会以这三种形式不断发生动态转化，从而构成资本总循环过程。马克思主义理论表明，这种"在总循环过程中采取而又抛弃这些形式并在每一个形式中执行相应职能的资本，就是产业资本"[①]。在社会分工推动下，商品资本与货币资本又在流通领域进一步发展，并形成独立的商业资本形态，专门化从事剩余价值实现过程。

一 产业资本职能形式及循环过程

传统工业资本主义时期，产业资本三种形态职能各不相同：

[①] ［德］马克思：《资本论》第2卷，人民出版社2018年版，第63页。

货币资本职能是为了购买生产资料和劳动力，为剩余价值创造提供物质基础；生产资本则是为了生产商品，创造剩余价值；商品资本则是为了销售商品实现剩余价值。职能不同也为后面商品资本从产业资本中独立出来，成为在流通领域起主导作用的商业资本提供条件。三种不同形态资本的具体职能不能孤立地审视，必须放置在产业资本整个循环过程之中。

马克思将资本的循环过程总结为三个阶段。第一阶段，资本家在市场中以买主身份出现，在劳动力市场和商品市场中挑选心仪的劳动力等商品，完成货币向商品的转变过程，实现 $G-W$；第二阶段，资本家将其所购买的商品进行生产消费。将其所购买的劳动力使用权作为生产者，其他商品作为生产资料，让两者结合进行生产活动，在此基础上将原有的作为生产要素的商品加工成为具备更大价值的新商品；第三阶段，资本家手持所生产的新商品，摇身变为卖家重新回到市场中，通过将这一新商品与消费者进行交换，再次将商品转化为货币，实现 $W-G'$。

三种资本形式循环运动。产业资本转化为货币资本、生产资本与商品资本的不同形式，进行了连续继起的循环过程。货币资本是产业资本循环的起点与终点，这也"最明白地表示出资本主义生产的动机就是赚钱"[①]。其具体循环过程就是资本家在第一阶段以货币 G 购买商品 W，这个商品 W 主要包含两部分内容，生产资料 Pm 与劳动力 A。在随后的第二阶段，以 $G-W$ 的实现过程为前提，在此过程发生后，以货币形式预付的资本价值的流通过程中断，货币资本转化为实物形态的生产资本，他无法继续作为

---

① 《马克思恩格斯文集》第 6 卷，人民出版社 2009 年版，第 67 页。

价值流通而只能进入生产消费阶段。具体表现为对劳动力的使用与对作为生产资料的商品的消费。对于劳动力的使用表现为在一定时期内的劳动，对于作为生产资料的商品的使用则表现为将生产资料作为新商品的生产要素与劳动力相结合，在劳动过程中被消耗。由此，第二阶段，即生产资本职能阶段也是资本的生产阶段。通过将劳动力 A 与生产资料 Pm 结合，经由生产过程 P，获得新的商品 W′。而后，资本循环进入第三阶段，此时"商品，作为直接由生产过程本身产生的已经增殖的资本价值的职能存在形式，就成了商品资本"。① 此时它必须履行商品职能，即在流通领域进行交换，从而再次回归为货币资本形态的 W′。至此，产业资本实现了完整的循环。并且，由于资本主义表现为庞大商品的堆积，致使三种资本职能形态在产业资本中突出表现为高生产资本占比的"橄榄形"结构图（见图 2-1）。

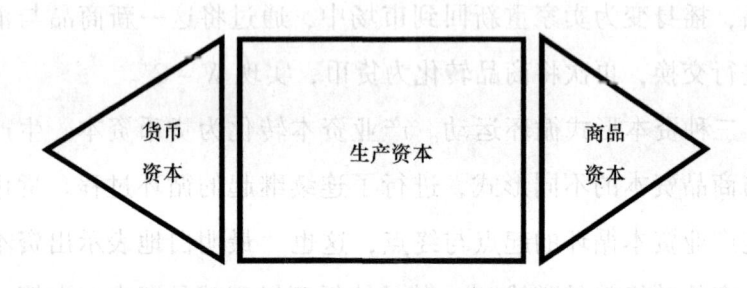

图 2-1　资本主义时期产业资本三种资本职能
占比"橄榄形"结构示意

资本循环需要三种资本职能形态并存。从产业资本的整个循环过程来看，要想保证其循环的连续性，它在空间上呈现出三种

---

① ［德］马克思：《资本论》第 2 卷，人民出版社 2018 年版，第 45 页。

资本职能形态的共存性,即必须由三种资本按比例构成,在时间上则呈现出三种资本职能形态的先后继起,即只有经历从 G－W (Pm＋A)……P……W′－G′的过程,遵照从货币资本、产业资本、商业资本到货币资本的顺序,才能保证产业资本能连续进行现实循环。马克思还进一步在产业资本中引入时间变量,将资本循环时间总结为生产时间与流通时间之和,从而在对流通领域进行深入剖析中考察了与产业资本紧密相连的商业资本。

二 产业资本与商业资本关系考察

马克思从历史层面考察了产业资本与商业资本的关系。从历史的源起来看,商业资本的出现远早于产业资本的生成。当人的劳动创造出劳动产品出现后,人们之间为满足需求进行的物物交换便已经使产品具备了商品的二重性质,这一性质并不会因为生产方式的变革而改变。但是,"作为商品,它们都要经历交换过程和随之发生的形态变化"[1]。商人资本的存在只是为交换两极的买与卖运动充当中介的作用,值得注意的是无论商人为何种组织或主体进行买卖,其"财产总是作为货币财产而存在,他的货币也总是作为资本执行职能"[2]。当商人不断进行为许多人买卖的过程时,便实现对买与卖的集中,以致商品交换完全脱离生产而沦为增加社会一般财富形式即交换价值的手段,营造出"流通创造价值"假象。在这一条件下,商人垄断社会财富,并指示社会生产以贸易生产与大规模生产为表现形式,商人资本的主导地位在

---

[1] [德] 马克思:《资本论》第 3 卷,人民出版社 2018 年版,第 362—363 页。
[2] [德] 马克思:《资本论》第 3 卷,人民出版社 2018 年版,第 363 页。

这一时段内不断强化。随着社会生产规模的不断扩大，生产力水平随之提升，资本主义生产方式形成并开始占据社会主导地位。"商人资本从它原来的独立存在，下降为投资的一个特殊要素，而利润的平均化，又把它的利润率化为一般的平均水平。它只是作为生产资本的要素执行职能。"①

作为在流通领域专门化从事商品交换并从中获取利润的资本形态，商业资本的存在以商品资本流通和货币资本流通为条件。无论在何种历史条件下，劳动所创造出的产品要想转换为商品，就必须在内在价值上表现为不同产品之间使用价值的交换，反映在形式上则以货币与商品之间的买卖活动构成。为了使这一活动能够持续高效发生，需要一个独立的专门化的中间商来履行买卖职能。由此，"商人资本的职能就是归结为这些职能，即通过买和卖来交换商品。因此，它只是对商品交换起中介作用；不过这种交换从一开始就不能单纯理解为直接生产者之间的商品交换"②。当把买与卖区分开后，会发现，在第一阶段（买的阶段），是商人向生产商预付货币购买商品的阶段，是商品所有权向商人转移的过程，变现为 $G-W$ 的过程，而在第二阶段（卖的阶段），则是商人将商品卖给消费者，完成商品流通，使 W 转化为 G' 的阶段。因此，商业资本的作用归根结底只是帮助生产者实现 $W-G'$。通过商业资本的持续买卖活动，生产与消费之间的联系实现有效加强，产业资本得以实现连续循环。但是，作为存在于流通领域的商业资本而言，其本身并不涉及物质生产，因而无法创造剩余价值，其利润

---

① ［德］马克思：《资本论》第 3 卷，人民出版社 2018 年版，第 365 页。
② ［德］马克思：《资本论》第 3 卷，人民出版社 2018 年版，第 363 页。

从何而来？对此，马克思在对生产劳动进行考察时，将商人的活动定义为非生产性活动，并指出商业资本在其整个流通过程中所预付的货币资本，主要包括购买商品的周转资本（B）、购买商业设施等的不变资本（K）以及雇佣商人所支付的工资（b），由于并未为商品价值创造追加任何要素，属于纯粹流通费用[①]，这部分费用无法从商品价值中得到补偿，因而只能从作为产业资本人格化的生产商所创造的剩余价值中得到补偿。从而商业利润的来源便是对产业资本利润的分享。

说到商人资本，我们考察的却是一种不参加利润生产而只分享利润的资本[②]，商业利润实质上是产业资本将其所创造的剩余价值向商业资本让渡的部分。对于商业资本的利润，马克思假设一年中作为利润生产主体的预付总产业资本 = 720c + 180v = 900 镑，$m' = 100\%$，此时所生产出的商品资本 W 的量便为 720c + 180v + 180m = 1080 镑，总资本 900 镑的平均利润率为 20%，这一过程是完全基于产业资本来探讨的，现在当我们加入 100 镑的商业资本后，这部分要"按照它在总资本中所占的比例"[③]，参与利润或者说剩余价值的分配。即以在总资本 1000 镑中的 1/10 比例，在 180 镑的剩余价值中获取 18 镑的利润，此时原来的商品资本 W 便从 1080 镑变为 1062 镑。也就是说，对于产业资本家而言，他是以低于商品价值的价格将商品出售给商业资本家的，商业资本家为了获取自己部分的利润，在此基础上将商品以 1062 +

[①] 王晓东、谢莉娟：《社会再生产中的流通职能与劳动价值论》，《中国社会科学》2020 年第 6 期。
[②] ［德］马克思：《资本论》第 3 卷，人民出版社 2018 年版，第 317 页。
[③] ［德］马克思：《资本论》第 3 卷，人民出版社 2018 年版，第 318 页。

18＝1080 镑的价格出售。进一步，从商品的生产价格，即商品成本（不变资本与可变资本的总和）＋平均利润出发，会发现，在生产领域，总资本为 900 镑，剩余价值为 180 镑，此时平均利润率为 20%，而当这一场景拓展到流通领域，当纳入 100 镑的商业资本后，剩余价值仍是 180 镑，但总资本变为了 1000 镑，此时平均利润率下降为 18%。由此可见，商业利润率是个定量，"一方面由产业资本所生产的利润量决定，另一方面由总商业资本的相对量决定，即由总商业资本同预付在生产过程和流通过程中的资本总额的数量关系决定"①。

第二节　马克思生产要素理论

马克思从生产一般出发，提出劳动过程三要素说，即"劳动过程的简单要素是：有目的的活动或劳动本身，劳动对象和劳动资料"②。劳动过程是物质资料生产过程的表现，因此劳动过程三要素说就是对生产要素的抽象化表述。③ 马克思强调劳动作为价值创造的唯一源泉，合理批判了威廉·配第、布阿吉尔贝尔、斯密、萨伊等人形成的"土地、劳动与资本"——生产三要素论。从生产一般到生产特殊的转换过程中，马克思指出劳动过程三要素说"是人类生活的永恒的自然条件……为人类生活的一切社会

---

① ［德］马克思：《资本论》第 3 卷，人民出版社 2018 年版，第 345 页。
② ［德］马克思：《资本论》第 1 卷，人民出版社 2018 年版，第 208 页。
③ 宋冬林、孙尚斌、范欣：《数据成为现代生产要素的政治经济学分析》，《经济学家》2021 年第 7 期。

形式所共有"①，但"它内含着的意思是，随着生产劳动过程的发展，会有新的因素加进来"②。将生产要素放置于经济时代中，"各种经济时代的区别，不在于生产什么，而在于怎样生产，用什么劳动资料生产"③。

每一种生产要素的出现都标志着一个新的经济时代的开启。农业经济时代以土地作为劳动资料，通过劳动者的劳动实现农业生产，使得这一时代表现出土地和劳动力两种生产要素；两次工业革命时期以机器为代表的劳动资料逐渐取代土地成为主要劳动资料，蕴含巨大生产力的机器体系加入生产要素范畴；第三次工业革命以信息技术和自动化为特征，技术作为劳动资料用于提高生产效率，并改进和优化生产过程，技术这一生产要素的地位得以确立。同时科学技术带来生产方式"信息化"发展，也为数字时代数据这一生产要素的确立奠定了基础。

第三节　马克思生产劳动理论

马克思生产劳动理论主要集中于他对于剩余价值来源的考察，是对资本主义生产性质从劳动形式方面进行的考察。④ 最为核心的部分是关于生产性劳动和非生产性劳动的区分，这一划分也被

---

① ［德］马克思：《资本论》第1卷，人民出版社2018年版，第215页。
② 孙乐强：《马克思的使用价值理论及其哲学意义的再思考》，《理论探讨》2017年第5期。
③ ［德］马克思：《资本论》第1卷，人民出版社2018年版，第210页。
④ 伍书颖、王峰明：《生产劳动理论：马克思对亚当·斯密的批判与超越》，《思想理论教育导刊》2021年第8期。

视为"理解资本主义生产过程的基础"①。因此，根据剩余价值的整个生产过程加以划分，可以将劳动进一步具体到生产领域的剩余价值创造过程以及流通领域的剩余价值实现过程。马克思继承和发展了国民经济学家劳动价值论主张，并进一步指出，"不论财富的社会的形式如何，使用价值总是构成财富的物质的内容"②。可见，劳动的生产性与使用价值是统一的。生产性劳动必然只存在于用于生产产品使用价值的生产领域，而与使用价值生产过程无关的流通等环节则被排斥在外。回归现实，资本主义生产方式下，生产使用价值的劳动就是生产剩余价值的劳动。③ 因此，与收入相交换的雇佣劳动，如流通领域商业资本家雇佣商业工人为了加速商品流通而进行的劳动，由于没有作为活劳动与资本发生交换，为产品附加新的价值而被排除在生产性劳动之外，成为非生产性劳动。对于这部分劳动而言，诚如马克思所言，"这些店员的无酬劳动，虽然不创造剩余价值，但能使他占有剩余价值"④。换言之，非生产性劳动的作用在于帮助非产业资本家群体占有剩余价值，即在实现剩余价值的同时参与剩余价值的分配，分割剩余价值。

一　生产性劳动：生产领域的剩余价值创造

资本主义社会的生产性劳动实质上是雇佣劳动。马克思关于生产性劳动和非生产性劳动的研究，源于对亚当·斯密生产性劳动的

---

① 《马克思恩格斯全集》第 33 卷，人民出版社 2004 年版，第 355 页。
② 《马克思恩格斯文集》第 5 卷，人民出版社 2009 年版，第 49 页。
③ 王珊、刘召峰：《"数字劳动"的生产性：基于马克思生产劳动理论的辨析》，《思想理论教育》2023 年第 8 期。
④ 《马克思恩格斯文集》第 7 卷，人民出版社 2009 年版，第 327 页。

批判研究。在亚当·斯密看来，在资本主义背景下生产性劳动就是为资本家创造剩余价值的雇佣劳动。对此，马克思予以了肯定，"从资本主义生产的意义上说，生产劳动是雇佣劳动，它同资本的可变部分（花在工资上的那部分资本）相交换，不仅把这部分资本（也就是自己劳动能力的价值）再生产出来，而且，除此之外，还为资本家生产剩余价值"[1]。但是，斯密对于生产性劳动的定义还具有第二重内涵，即在资本主义制度灭亡之后，劳动者的劳动仍旧存在，但不同的是他所创造的价值不再归他人而将归其自身所有，这时生产性劳动便转为"有一种劳动加到对象上，就能使这个对象的价值增加……因为它生产价值，可以称为生产劳动"[2]，即成为对象化的价值创造活动。马克思对此持批判态度，他认为第二种劳动形式更偏向是一种一般性的价值生产劳动。因此，马克思认为资本主义生产性劳动是一般生产性劳动的子集，生产性劳动是与资本交换，为劳动力买者创造交换价值和价值，即生产商品的劳动形式。对此，马克思给出了一个例子，"一个歌女，被剧院老板雇用，老板为了赚钱而让她去唱歌，她就是生产劳动者"[3]。可见，从生产性劳动的劳动关系出发，雇佣作为资本与劳动力商品交换的重要形式，是生产性劳动的一大重要判定标准。

雇佣之下的生产性劳动是剩余价值的直接创造过程。马克思肯定亚当·斯密的一个重要理论就是劳动价值论。但是，亚当·斯密对于劳动价值论的研究并没有克服资本主义的矛盾，他一方面看到了作为劳动产品的商品具有价值和使用价值的二重性，并

---

[1] 《马克思恩格斯文集》第8卷，人民出版社2009年版，第213页。
[2] 《马克思恩格斯文集》第8卷，人民出版社2009年版，第216页。
[3] 《马克思恩格斯文集》第8卷，人民出版社2009年版，第406页。

试图承认劳动创造价值；另一方面却又在对资本主义的社会生产方式的考察中，说明劳动由工人的劳动、资本家和土地所有者共同决定，间接承认了利润和地租是商品价值的决定因素。对此，马克思从商品出发，进一步对劳动展开剖析，在商品二因素基础上，提出了劳动二重性主张：具体劳动创造商品使用价值，抽象劳动创造商品价值。在资本主义雇佣工人进行商品生产过程中，工人劳动一方面作为具体劳动创造出商品的使用价值，另一方面又作为抽象劳动凝结出新价值附加到商品上。当这个新价值大于资本家支付给工人的工资时，超过的这部分价值便是剩余价值。只有剩余价值持续存在，资本家阶级从而资本的存在才能得以维持。具体而言，资本家将自己所拥有的货币资本用于购买生产资料，雇佣劳动力转化成产业资本进入生产性劳动过程之中，最终以商品资本的形式在流通领域被买卖后再次变为货币资本。因而，为了追求剩余价值，资本家在不断雇佣劳动者进行生产过程的同时，通过不断提高相对劳动生产率，如延长工作日、推进技术革新等，让劳动者在补偿资本家预付资本的基础上，通过剩余劳动形式的生产性劳动创造出更多剩余价值。

运输过程是生产性劳动过程在流通领域的延续，是剩余价值的延伸创造过程。马克思在考察生产劳动过程的同时，还考察了商品生产后的运输过程。马克思指出，商品在空间上的流通，即实际的移动，就是商品的运输。[①] 按照流通费用的一般规律来看，"一切只是由商品的形式转化而产生的流通费用，都不会把价值

---

① [德] 马克思：《资本论》第 2 卷，人民出版社 2018 年版，第 170 页。

追加到商品上"①。但是，对于物品而言，其使用价值只能够在物品的消费中实现，而这一消费过程会导致位置变化成为必要，从而运输便成为一个必要的追加生产环节。因此，资本家就会为运输业追加生产资本，主要用于购买运输工具和雇佣运输劳动。这部分价值同样需要得到补偿，前者通过转移到商品价值中，后者通过工资和剩余价值附加到商品之上获得补偿。进一步，对于运输业而言，"在其他条件不变的情况下，由运输追加到商品中去的绝对价值量，和运输业的生产力成反比，和运输的距离成正比。……由运输费用追加到商品价格中去的相对价值部分，和商品的体积和重量成正比。……和该物品的价值成反比"②。基于此，运输业便作为一个独立的生产部门，表现出生产过程在流通过程内的继续与延伸，属于生产性劳动范畴，也参与了剩余价值的创造。

二 非生产性劳动：流通领域的剩余价值实现与分割

非生产性劳动不涉及价值创造，是与生产性劳动相对立统一的劳动形式。在马克思看来，"生产劳动是直接同资本交换的劳动"，与之相对的，非生产性劳动就应该是"不同资本交换，而直接同收入即工资或利润交换的劳动"③。在马克思看来，使劳动成为"生产的"或"非生产的"劳动的，既不一定是劳动的特殊形式，也不一定是劳动产品的表现形式。生产性劳动与非生产性劳动之间是相互交融的，但非生产性劳动存在的领域相比生产性

---

① ［德］马克思：《资本论》第2卷，人民出版社2018年版，第167页。
② ［德］马克思：《资本论》第2卷，人民出版社2018年版，第168—169页。
③ ［德］马克思：《剩余价值理论》第1册，人民出版社1975年版，第148页。

劳动更加广阔。以国民经济核算体系中的产业为标准进行划分，以生产性劳动为主的部门主要包含农业、制造业、采掘业、运输业这类商品生产相关部门，以及教育、医疗这类劳动能力再生产部门。除此之外的商业、保险业、金融业、房地产等部门都属于非生产性部门。① 马克思进一步以资本职能形式进行划分，将除产业资本外的商业资本、金融资本都纳入了非生产部门范畴。作为不创造价值的部门，非生产部门的职能和价值来源于何处？对此，马克思以"商业资本"为例，指明了非生产部门在流通领域承担着剩余价值实现职能，其利润来源于利润平均化过程中对生产领域产业资本的剩余价值分割。

对于非生产部门而言，它的利润所得和工人工资均来自对生产领域剩余价值的让渡。马克思指出，有别于产业资本家的获利方式是通过生产过程将其所购买的商品加工成为可以重新投入市场的商品，赚取生产价格和成本价格之间的差额，即工人创造出的剩余价值的利润形式。作为非生产部门典型代表的商业资本家，"只是把由生产资本家开始的商品出售，即商品价格的实现，继续进行下去，因此，不会让商品经历任何能够重新吸收剩余价值的中间过程"②。因此，对于商人而言，他不仅要在流通中通过流通实现利润，还要在这一过程中获得利润。这一实现途径便是将"商品卖得比它的原价贵"③。由此，流通创造价值的表象被营造出来。但是，在资本主义生产方式占据统治地位的前提下，商

---

① 乔晓楠、李欣：《非生产部门的价值分割：理论逻辑与经验证据》，《政治经济学评论》2020 年第 4 期。
② 《马克思恩格斯全集》第 46 卷，人民出版社 2003 年版，第 315 页。
③ ［德］马克思：《资本论》第 3 卷，人民出版社 2018 年版，第 315 页。

人在整个社会总生产中将预付货币资本，以保证生产过程的持续进行，这部分预付资本并没有为商品价值追加任何要素，是纯粹的流通费用。因而，它不能从商品的价值中得到补偿，而只能从产业资本的剩余价值中得到补偿。因此，商业利润实际上是以平均利润形式归商业资本家所有的剩余价值，是产业资本对商业资本让渡的剩余价值。并且，"同产业资本相比，商人资本越大，产业利润率就越小"[①]。进一步，商业资本家的商品流通业务如何实现，与产业资本家相似，商品经营者也需要雇佣工人，并支付有劳动力生产和再生产费用的工资。但不同的是，这些工人不生产商品，也不会创造剩余价值，它们的存在只是为了实现剩余价值。因此，这部分工人的工资作为商人的可变资本同样被列入商人的预付资本之中，被要求以利润形式补偿，即由产业资本的剩余价值来补偿。因此，对于商业工人而言，商业资本家为他支出费用，从而获取从产业资本家那里分割剩余价值，并且它的一部分无酬劳动还降低了剩余价值的实现成本，推动了资本循环，进而加剧了剩余价值总量的积累。马克思还指出，随着科学和国民教育的进步，商业工人的供给增加，竞争加剧，劳动力会贬值，从而只要有更多剩余价值和利润实现，工人数量增加会成为剩余价值增加的结果。[②]

第四节　马克思劳动正义理论

马克思劳动正义思想形成于其唯物史观的生成过程中，萌芽

[①] 《马克思恩格斯全集》第46卷，人民出版社2003年版，第319页。
[②] 《马克思恩格斯全集》第46卷，人民出版社2003年版，第335页。

于马克思对劳动这一人类存在的基础方式的考察，成熟于对资本主义生产资料私有制雇佣劳动"资本正义"视域下的劳动异化境遇的批判和反思过程，并最终从劳动能力、劳动交换、劳动过程和劳动成果四个方面对劳动经济合理性与价值合目的性展开了正义追问，形成了其劳动正义思想。

所谓正义，是指符合事物本性、自然秩序和社会秩序，并为其所拟定的规则的一种价值评判尺度。在"劳动正义"出现前，国民经济学者曾普遍主张"资本正义"。资本家和工人之间按照商品等价交换规律进行交换，既是自由的也是平等的，故而是正义的。[1] 在他们看来，正义就是等价的代名词。然而，作为现代社会体系之轴心的资本和劳动，两者呈现出的却是截然不同的景象：在资本构建的社会中，一切都是正义满满、幸福且美好的，而隐藏在其外表之下的劳动，却是正义缺失、糜烂而破败的。对此，马克思提出要"同货币占有者和劳动力占有者一道，离开这个嘈杂的、表面的、有目共睹的领域，跟随他们两人进入门上挂着'非公莫入'牌子的隐蔽的生产场所"[2]，从劳动的发生地——生产过程，对其劳动能力或致正义、劳动交换主体正义、劳动过程情状正义和劳动成果分配正义加以考察。

因此，劳动正义是一个总体性的范畴，包含着哲学和经济学的双重视野，可以理解为基于哲学正义视域对现实劳动和劳动关系进行批判性反思，检审劳动活动及其关系的合理性前提和合目的性根据，进而从物质生产劳动活动和劳动者的利益层面对不合理的现实

---

[1] 刘同舫：《技术进步与正义困境》，《社会科学战线》2021年第5期。
[2] ［德］马克思：《资本论》第1卷，人民出版社2018年版，第204页。

劳动活动及其关系提出革命改造要求的本体根据及其价值旨趣。①

一　劳动能力获致正义

劳动能力，是劳动者体力和脑力的统称，是人类生产劳动的能力，通常外显为劳动者的素质技能表现。在人与自然发生物质交换的过程中，为了维持自身的生存与发展，人需要周而复始、循环往复地进行劳动，这就需要人不断提升自己的劳动能力，即提升劳动技能。在马克思看来，对劳动能力起决定性作用的因素在于后天环境影响，而非先天基因。"搬运夫和哲学家之间的差别要比家犬和猎犬之间的差别小得多。"② 就后天环境而言，马克思认为应当为每一个人创造出平等地提升自身劳动能力的机会和条件，社会应当为一切人或至少国家公民或至少社会成员提供平等的政治地位和社会地位，同时由于每一个社会成员个人的差异性，在为其提供资源和权利时要坚持具体问题具体分析，坚持倾斜原则，为弱势群体提供相对更多的资源和权利。然而现实却是，资本家在原始积累过程中早已将资源全部侵占，为了维持生计，劳动者沦为在市场夹缝中出卖劳动力的商品。作为资本主义私有制下的穷人，各种各样的灾祸与之相伴。"一切可以保持清洁的手段都被剥夺了……除了纵欲和酗酒，他们的一切享乐都被剥夺了。"③ 可见，在马克思和恩格斯看来，资本主义私有制才是造成劳动能力或致正义缺失的关键。因而，若要保证劳动者的劳动能力再生机会的平等，就必须消灭资本主义私有制的经济根基

---

① 毛勒堂：《劳动正义：劳动幸福不可或缺的价值支撑》，《江汉论坛》2021 年第 8 期。
② 《马克思恩格斯选集》第 1 卷，人民出版社 2012 年版，第 619 页。
③ 《马克思恩格斯文集》第 1 卷，人民出版社 2009 年版，第 410—411 页。

和政治法权依附，建立起生产资料完全公有制的社会制度。①

二 劳动交换主体正义

劳动交换主体正义，则是指在劳动过程中各主体之间按照自愿、自由的原则在平等地位上进行交换，并承担各自对应的义务。在马克思看来，交换只有在平等地位上、不存在威胁或隐性压迫的情况下才是正义的。对于劳动交换过程中主体正义的考察，马克思认为资本家和劳动者之间在交换的起点上就存在着非正义和不对等。在资本主义生产方式建立的过程中，资本的原始积累以其残酷、暴力的手段强制侵占了劳动者的生产资料，迫使劳动者与直接生产资料和生存资料强制分离，劳动者沦为"一个除自己的劳动力以外没有任何其他财产的人"②，而"在任何社会的和文化的状态中，都不得不为另一些已经成了劳动的物质条件的所有者的人做奴隶"③，对于劳动者而言，出卖劳动力与资本家交换生活资料是迫不得已而非自由自觉的。这也使得即便劳动者们意图联合起来与资本家进行敌对，要求平等正义的交换主体地位，也会因为彼此力量之间的悬殊而以失败告终，"胜利必定属于资本家。……资本家的联合是常见的和有效的，工人的联合则遭到禁止并会给他们招来恶果"④。进入生产领域后，交换主体的非正义得以更充分地显现出来。诚如马克思所言，原来的货币占有者作为资本家，昂首前行；劳动力占有者作为他的工人，尾随

---

① 刘同舫：《马克思唯物史观叙事中的劳动正义》，《中国社会科学》2020年第9期。
② 《马克思恩格斯文集》第3卷，人民出版社2009年版，第428页。
③ 《马克思恩格斯文集》第3卷，人民出版社2009年版，第428页。
④ [德]马克思：《1844年经济学哲学手稿》，人民出版社2018年版，第6页。

于后。① 通过对交换主体非正义的谴责，马克思从私有制的根源着手提出了工人阶级的革命口号——"消灭雇佣劳动制度"，以"自由合作生产"实现正义复归。

三 劳动过程情状正义

劳动过程情状正义是指劳动过程中劳动者的自由自觉的状态。即便劳动者已经签订了不正义的"卖身契"，资本家似乎依旧不打算放过他。在资本逻辑的操控下，资本家疯狂追求剩余价值，在他们的眼里劳动者是没有感情的机器，无所谓人权，只是剩余价值的创造者。因而他们用无休无止的劳动抹杀了劳动者作为人的自由自觉，用不断延长的工作日侵占了人的生活和休闲时间。"资本由于无限度地盲目追逐剩余劳动，像狼一般地贪求剩余劳动，不仅突破了工作日的道德极限，而且突破了工作日的纯粹身体的极限。它侵占人体的成长、发育和维持健康所需要的时间。它掠夺工人呼吸新鲜空气和接触阳光所需要的时间。"② 在此生产情形之下的劳动者与其劳动发生了异化，"他在自己的劳动中不是肯定自己，而是否定自己，不是感到幸福，而是感到不幸，不是自由地发挥自己的体力和智力，而是使自己的肉体受折磨、精神遭摧残"③。由此，马克思从人的类本质出发，提出要消除这一迫害人、摧残人的异化劳动。而对于如何消灭私有制下的劳动异化，实现劳动过程的正义性，马克思在其共产主义构想中指明了道路——通过现实性的革命实践活动来助推社会生产力的大力发展，建立起广泛的普遍的社会

---

① 《马克思恩格斯文集》第 5 卷，人民出版社 2009 年版，第 205 页。
② 《马克思恩格斯文集》第 5 卷，人民出版社 2009 年版，第 306 页。
③ [德] 马克思：《1844 年经济学哲学手稿》，人民出版社 2018 年版，第 54 页。

交往关系，为广大劳动者创造出极大丰富的社会物质财富以及足够充裕的自由支配时间，使得劳动从谋生手段转变为"第一需要"，让劳动者享受到自由自觉的劳动过程。①

四 劳动成果分配正义

劳动作为人类所特有的一种目的性活动，其目的旨在通过对外部自然环境的改造获取维持自身生存、谋求个人发展的生活资料。劳动成果作为人生存和发展的基础，其分配比重直接关系着个人的生存和发展，决定着个人的生存和发展空间与状况。在对雇佣劳动下的分配状况加以考察时，马克思发现当劳动者以其劳动创造出凝结其体力与智力结晶的劳动产品后，资本家却凭借其强权"故技重施"，再次掠夺了这些劳动成果，通过出售得以获取商品价值获得利润。并且，他们还意图以所谓工资来伪装他们丑恶的嘴脸，通过给予工资让劳动者购买其劳动产品来维持生存和实现劳动力再生产，从而为再次投入劳动提供保障，保证劳动过程得以持续不断地进行，从而实现剩余价值的不断增殖。在此情况下，资本与劳动的悖论便出现了："工人生产的财富越多……他就越贫穷。工人创造的商品越多，他就越变成廉价的商品。"② 对此，马克思指出分配正义的实现是历史发展的过程，在共产主义社会初级阶段，由于社会生产和发展的需要，总体物质财富和精神财富有限，因而可采取"各尽所能，按劳分配"的方式，但由于人们生活状况的差异性，这一分配方式也无可避免地

---

① 毛勒堂：《马克思的劳动正义思想及其当代启示》，《江汉论坛》2018 年第 12 期。
② ［德］马克思：《1844 年经济学哲学手稿》，人民出版社 2018 年版，第 47 页。

会存在着事实上的不平等。只有等到了共产主义社会高级阶段，"在迫使个人奴隶般地服从分工的情形已经消失，从而脑力劳动和体力劳动的对立也随之消失之后，在劳动已经不仅仅是谋生的手段，而且本身成了生活的第一需要之后……社会才能在自己的旗帜上写上：各尽所能，按需分配！"[①]

第五节 马克思工作日理论

按照马克思对一般劳动的考察，"劳动过程所需要的一切因素：物的因素和人的因素，即生产资料和劳动力"[②]。伴随着资本主义生产方式的不断发展，生产资料与劳动力持续分离，劳动者为谋求生计，选择受雇于资本家，出卖自身劳动力。这一过程中，劳动者同时也将自己的时间进行让渡，即在规定的时间内将身心全部交由资本家进行各种形式的使用，在规定时间结束后，劳动者重获自由，进行个人劳动力再生产活动。马克思将劳动力在一天内出卖给资本家用于进行生产劳动的时间称为工作日。其由必要劳动时间和剩余劳动时间组成，长度在最高和最低限度内变化，并受工人与资本家关系影响。

一 必要劳动时间和剩余劳动时间

在资本不断增殖的过程中，资本家发现了劳动力商品所具有

---

① ［德］马克思：《哥达纲领批判》，人民出版社2018年版，第15页。
② ［德］马克思：《资本论》第1卷，人民出版社2018年版，第215页。

的特殊使用价值——劳动力商品的使用价值就是劳动，它的特殊性在于能创造出比自身价值更大的价值，是剩余价值的源泉。为此，资本家意图在有限的工作时间内使劳动者创造尽可能多的价值，就必须对工作时间按照劳动者创造价值的不同归属进行划分。资本家购买了劳动力商品，对于资本家而言这部分价值是用以保障劳动力得以维持生存、实现再生产的价值，是资本与劳动能力进行"等价"交换的前提。从表象来看，这部分价值是由资本家支付给劳动者的，劳动者必须进行偿还，在偿还了这部分价值后，剩余的价值则是资本家完全无偿占有的价值，即剩余价值。因此，于工作日而言，就被划分成了必要劳动时间和剩余劳动时间两部分。

针对必要劳动时间，马克思指出："资本家看来，也是必要劳动时间，因为整个资本关系以工人阶级的经常存在和持续不断的再生产为前提，而工人阶级的经常存在、维持和再生产是资本主义生产的必要前提。"[1] 在必要劳动时间内，劳动者是以工人而非人的身份存在的，其劳动力是实现资本增殖的重要转换工具。于资本家而言，实现资本持续性增长的前提是劳动力不断再生产，因而其必须支付给劳动力报酬，即由劳动力通过必要劳动时间加以偿还的价值。因此，工资就成了必要劳动时间的物化表现，成为用于掩盖资本剥削的符号。

反观剩余劳动时间，"工人超出必要劳动的界限做工的时间，虽然耗费工人的劳动，耗费劳动力，但并不为工人形成任何价

---

[1] 《马克思恩格斯全集》第32卷，人民出版社1998年版，第194页。

值"①。在剩余劳动时间内，工人在资本家的鞭挞下，源源不断为其创造剩余价值，而资本家却并不打算额外支付这部分报酬，工人的整个剩余劳动时间都在为资本家进行无偿劳动，无偿生产剩余价值。因此，在资本家追求资本增殖最大化目标驱使下，想方设法延长剩余劳动时间成了其出发点和历史使命。其结果必将导致资本家对于劳动者的剥削压榨与劳动者日益贫困的现实矛盾。

在马克思看来，必要劳动时间与剩余劳动时间的比例是可变的。马克思认为工作日的一部分固然是由不断再生产工人本身所必需的必要劳动时间决定，但它的总长度随着剩余劳动的长度或持续时间而变化。② 在对剩余价值的考察中，马克思进一步将剩余劳动时间与必要劳动时间的比值关系抽象成反映剥削程度的剩余价值率。劳动力能够得以生活、生存而再生产是资本实现持续增殖的前提，因此资本家必须支付部分价值（工资）用于劳动者再生产，这部分价值是固定的，由此必要劳动时间成为定量。因此，剩余价值率的改变只能通过改变剩余劳动时间来实现——即在原有工作日长度不变情况下通过压缩必要劳动时间长度和在必要劳动时间长度不变情况下直接延长剩余劳动时间。③ 前者是剩余劳动时间对于必要劳动时间的相对性延长，后者是在必要劳动时间基础上的绝对性延长。在剩余价值的生产过程中，这一时间上的变化通过价值形式具象化，表现为商品的相对剩余价值与绝对剩余价值。

---

① ［德］马克思：《资本论》第 1 卷，人民出版社 2018 年版，第 251 页。
② 刘志国、栾瑞华：《我国"996"工作模式的形成原因及治理——基于马克思工作日理论的分析》，《经济论坛》2020 年第 11 期。
③ 闫金敏、戴雪红：《资本逻辑下的身体异化现象及超越》，《理论月刊》2022 年第 5 期。

二 工作日的最高限度和最低限度

工作日并不是一个不变量，而是一个可变量。[①] 其变动始终稳定存在着最高限度和最低限度。"利润的最高限度以生理上所容许的工资的最低限度和生理上所容许的工作日的最高限度为界限。"[②] 最低限度，是指劳动者必须耗费的用于生产劳动力再生产价值的时间，即必要劳动时间，是劳动力再生产能力的外化表现。一旦低于这个限度，劳动力将无法再生产，剩余价值生产过程将被终结。最高限度则是工人所能达到的工作日的最长时间。劳动者是独立的现实的人，其生存发展会受到自身的身体和外部的道德影响，因而资本家不可能实现对于工作日的无限延长。身体极限是指工人劳动力支出达到的自然限度，工人作为人，是有生命的个体，其必须预留出足够的时间进行休息、吃饭等生理活动来维持个体生存。道德极限则是指工人在满足基础生存需要的前提下，拥有进行追求自身发展活动的权利。因此，工资作为"劳动力的价值或价格的隐蔽形式"[③]，就应当包含"生产、发展、维持和延续劳动力所必需的生活必需品的价值"[④]。

由于身体限度和道德限度极具弹性，工人的工作日最高限度带有极大的不确定性。资本家作为"人格化的资本"，吮吸尽可能多的剩余价值成了唯一追求，于是资本家通过构筑起资本主义

[①] 李洋、徐家林：《马克思政治经济学批判的时间尺度》，《上海师范大学学报》（哲学社会科学版）2019 年第 4 期。
[②] 《马克思恩格斯选集》第 2 卷，人民出版社 2012 年版，第 66 页。
[③] 《马克思恩格斯文集》第 3 卷，人民出版社 2009 年版，第 441 页。
[④] 《马克思恩格斯文集》第 3 卷，人民出版社 2009 年版，第 56 页。

的生产方式,"坚持他作为买者的权利,他尽量延长工作日"①,不惜"侵占人体的成长、发育和维持健康所需要的时间。它掠夺工人呼吸新鲜空气和接触阳光所需要的时间。它克扣吃饭时间,尽量把吃饭时间并入生产过程"②。然而,作为劳动力商品的工人则是贫困的人格化。除了自身劳动力一无所有,只能被迫沦为资本家的奴隶。"工人不仅在身体和智力方面,而且在道德方面,也遭到统治阶级的摒弃和忽视。"③资本家不仅在身体极限上压榨和奴役工人,同时也试图在道德层面构筑起一套资本主义道德观,从而为压缩和掠夺劳动者生活时间构建"合法"话语体系,"资产阶级为工人考虑的唯一的东西就是法律,当工人向资产阶级步步进逼的时候,资产阶级就用法律来钳制他们"④。同时,资本家还意图通过技术革新提高劳动生产率的方式不断压缩工作日的最低限度。劳动生产率是指劳动力的生产效率,即劳动者在单位时间内生产商品的数量。在生活资料一定情况下,只要劳动生产率水平不断提高,社会必要劳动时间就能减少。由此,劳动力的再生产价值将下降,必要劳动时间缩短,从而实现剩余劳动时间相对延长。

三 工作日中的劳资对立和斗争

在工作日中,劳动者和资本家之间是对立冲突的。对于资本家而言,"资本是死劳动,它像吸血鬼一样,只有吮吸活劳动才有生命,吮吸的活劳动越多,它的生命就越旺盛"⑤。这就意味着

---

① 《马克思恩格斯选集》第2卷,人民出版社2012年版,第190页。
② 《马克思恩格斯文集》第5卷,人民出版社2009年版,第306页。
③ 《马克思恩格斯文集》第1卷,人民出版社2009年版,第428页。
④ 《马克思恩格斯文集》第1卷,人民出版社2009年版,第428页。
⑤ 《马克思恩格斯文集》第5卷,人民出版社2009年版,第269页。

在工作日之中，资本家只想履行买主权利，在有限的雇佣时间内不断延长劳动者的剩余劳动时间。而与之相对，作为劳动者，作为劳动力商品的卖方，"只想在它的正常耐力和健康发展所容许的限度内使用它，使它运动，转变为劳动"①。由此，买卖双方产生二律背反，工人和资本家之间的矛盾显露出来。

在劳资双方的斗争中，资本的力量是绝对性的。首先，资本家具有更强的经济力量。他可以把产业收益加进自己的收入，而工人除了劳动所得既无地租，也无资本利息。同时，与劳动者被迫进入市场出卖自身劳动力商品相反，资本家是为了获得最大化的利润，主动进入市场之中。② 加之资本家对于生产资料的私人占有，使工人不具备独立从事某一生产活动的条件，而被迫受制于资本家。其次，资本家还具有更强的技术力量。活的工人进一步沦为死的机器的附属物，在日复一日的流水线生产中沦为"行尸走肉"。资本家不仅通过技术不断提高劳动生产率来缩短必要劳动时间，延长剩余劳动时间，而且通过机器对人的挤出效应不断增加劳动市场中"可供资本主义剥削支配的劳动力的数量"，削减雇佣成本。最后，资本家还通过联合构筑其更强的政治力量。在资本主义社会，资本家之间通过联合形成资本家集团，利用国家力量来实现对国家政治经济生活的全面主导，以此维护资本家的利益和地位。

"资本家的联合是常见的和有效的，工人的联合则遭到禁止

---

① 《马克思恩格斯文集》第5卷，人民出版社2009年版，第270页。
② 韩金华：《马克思劳资关系理论的主要特征及其现实价值》，《当代经济研究》2009年第12期。

并会给他们招来恶果。"① 而关于正常的工作日，那是"资本家阶级和工人阶级之间长期的多少隐蔽的内战的产物"②。如何争取正常工作日，马克思认为，"工人必须把他们的头聚在一起，作为一个阶级来强行争得一项国家法律，一个强有力的社会屏障，使自己不致再通过自愿与资本缔结的契约而把自己和后代卖出去送死和受奴役"③。

第六节　马克思劳动异化理论

劳动是人的本质体现。在资本主义雇佣劳动普遍盛行、机器大工业迅速发展、技术与生产力不断提升的背景下，工人的劳动也发生深刻改变，即劳动异化。"劳动异化"也称为"异化劳动"，马克思在继承前人异化思想的基础上，形成了自己的异化劳动理论，并在《1844年经济学哲学手稿》中首次提出。经过多方面研究，马克思指出，异化劳动现象不是从来就有的，它是人类社会发展到一定阶段的产物。也就是说，"异化"现象只有在特殊阶段才会与"劳动"相结合，成为劳动的特征之一。在马克思看来，劳动创造出大量社会财富，推进人类社会发展前进，但劳动又具有消极方面，这种消极方面导致劳动成为压迫人的力量，成为"异己"的劳动。在资本主义生产方式之下，劳动全面异化，劳动者不再能从劳动中收获价值，反而被劳动所控制。马

---

① ［德］马克思：《1844年经济学哲学手稿》，人民出版社2018年版，第6页。
② ［德］马克思：《资本论》第1卷，人民出版社2018年版，第346页。
③ 《马克思恩格斯文集》第5卷，人民出版社2009年版，第349页。

克思通过详细分析异化劳动的四重规定性，指出国民经济学家认为私有制与生俱来的前提错误，异化劳动才是导致私有制的根本原因。通过揭示私有财产的本质与发展规律，论证了资本主义的必然灭亡，只有扬弃异化劳动，才能最终进入共产主义。

一 异化概念的提出与发展

"异化"一词最早出现于拉丁文，有转让、远离的含义，不同领域的研究者赋予"异化"不同的内涵。"异化"的最初使用范围是在政治学领域，用来解释社会契约中权力和财富的转移或让渡，后来，"异化"一词在哲学范围内得到使用，指主体在活动过程中生产出一种制约控制自身的异己力量，其中，具有代表性的人物有黑格尔和费尔巴哈。[1]

受黑格尔、费尔巴哈等人异化思想以及英国古典经济学家关于财富构成理论的影响，马克思的异化理论经历了从自然异化到政治异化再到经济异化的转变，最终将批判的目光凝聚于劳动领域，提出"异化劳动"的概念，并对其进行了详细的阐述。在《德意志意识形态》中，马克思对"异化"进行解释说明，即"社会活动的这种固定化，我们本身的产物聚合为一种统治我们的、不受我们控制的、与我们愿望背道而驰的并抹煞我们的打算的物质力量"[2]。在"异化劳动"思想当中，马克思认为，在当时的生产关系之下，劳动的人感觉不到快乐，而是感到被劳动所束

---

[1] 赵志强、范建刚:《马克思消费思想的三重生态意蕴及其当代启示》，《当代经济研究》2021年第7期。

[2] 《马克思恩格斯全集》第3卷，人民出版社1960年版，第37页。

缚，感到不幸。① 劳动和人产生了某种对立，劳动约束着人，人每天都处于劳动的状态之中，失去了自由。

想要精准把握马克思异化劳动的内涵，就需要区分劳动的"对象化"与"异化"。"劳动的产品就是固定在某个对象中、物化为对象的劳动，这就是劳动的对象化"②。劳动的对象化体现出劳动的积极作用，通过借助一定的劳动工具，劳动者对客体进行改造，让客体成为一种对象性的存在。劳动的异化则是对象化在特殊历史阶段的表现，当劳动异化现象发生时，"对象化表现为对象的丧失和被对象奴役"③。这种异化导致劳动表现出它的消极作用，对于劳动者而言，异化状态下的劳动活动不再是具有创造性的活动，而是一种束缚人的力量。

二 马克思劳动异化思想的主要内涵

在《1844年经济学哲学手稿》中，马克思由浅入深从劳动产品异化、劳动活动异化、类本质异化及人与人相异化四个向度，系统阐述了异化劳动理论。

其中，首先被提出的是人与劳动产品相异化。劳动产品由劳动者生产出来，是人的本质力量的对象化。但是，在现实中，伴随着社会分工的不断深化，劳动者并不拥有其生产出来的劳动产品，而是由资本家所拥有。劳动者又不得不生产劳动产品以此来获取生存资料，此时劳动产品转换成了异于劳动者的存在，变成了束缚劳动者的工具。"工人生产的对象越多，他能够占有的对

---

① 《马克思恩格斯选集》第1卷，人民出版社2012年版，第53页。
② 《马克思恩格斯全集》第42卷，人民出版社1979年版，第91页。
③ 《马克思恩格斯文集》第1卷，人民出版社2009年版，第157页。

象就越少"①，劳动者即使生产出再多的劳动产品，其所拥有的财富也不会有增加，增加的只是资本家的财富，劳动者反而会因此变得越来越贫困。马克思通过这一系列表象，关注到人的本质变化，"物的世界的增值同人的世界的贬值成正比"②，劳动者的主体性逐步丧失，同自己生产出的劳动产品的异化关系越来越明显。

其次，人与劳动活动相异化。劳动活动的异化是导致劳动产品异化的原因所在。劳动本是人自觉产生的一种行为，但在资本主义生产关系的背景下，工人的劳动只是服务于资本增殖的工具，"他在自己的劳动中不是肯定自己，而是否定自己……不是自由地发挥自己的体力和智力，而是使自己的肉体受折磨、精神遭摧残"③。资本主义社会，劳动不再是人的自觉的行为，而是在资本家的强制下完成。为了最大限度获得剩余价值，资本家费尽心思延长劳动时间、增加劳动强度，各种非人化的管理制度让资本家对工人的压迫与剥削合理合法，一旦可以不进行劳动，劳动者就会立马停止劳动，因为劳动不是使人感受到快乐，而是使人煎熬和痛苦。

再次，人与人的类本质相异化。劳动产品与劳动活动的异化进一步导致了人的类本质异化。类本质为人类所特有，是人类区别于动物能动存在的显著标志。人类依赖于自然而存在，自然界为人类提供了基本的物质生产资料，人类通过劳动不断征服自然、占有自然，实现人的类本质。马克思认为，人的类本质指的

---

① [德] 马克思：《1844 年经济学哲学手稿》，人民出版社 2018 年版，第 48 页。
② 《马克思恩格斯文集》第 1 卷，人民出版社 2009 年版，第 156 页。
③ 《马克思恩格斯全集》第 42 卷，人民出版社 1979 年版，第 93 页。

是人自由地进行着的实践活动。然而,在资本主义社会中,资本家占有了全部生产资料,工人只有出卖自己的劳动力,进入资本家的工厂才能进行生产性劳动,按照资本家的意志进行某些产品的生产。异化劳动使人失去了创造力,"自己的本质变成仅仅维持自己生存的手段"①,日复一日地进行着同样的劳动。劳动者甚至开始认为,劳动本身就是一种谋生的手段,当下经历的这种劳动并没有与自己的类本质相背离。

最后,人与人相异化。劳动产品异化、劳动活动异化以及人的类本质异化所导致的直接结果就是人与人发生异化。马克思观察到了资本主义社会物与物的对立关系背后人与人关系的微妙变化,这就是人与人相异化。在资本主义的生产关系中,人与人相异化指的就是工人和资本家之间相异化,也就是工人和资本家处于对立的关系当中。当劳动者不再能占有自己的劳动产品与劳动活动时,它就必然"属于另一个有别于我的存在物"②,也就是资本家。"工人生产出一个跟劳动格格不入的、站在劳动之外的人同这个劳动的关系"③,雇佣劳动者站在工人的劳动之外,却直接支配工人的生产劳动、占有了工人的全部劳动成果。这种异化又进一步造成了无产阶级与资产阶级两个阶级之间的对立。

三 异化的积极扬弃与共产主义的实现

四种异化表现形态由浅入深揭示了资本主义社会中工人被压迫被剥削的现实,揭露了资本主义制度带来巨大生产力现实背后

---

① 《马克思恩格斯全集》第42卷,人民出版社1979年版,第96页。
② 《马克思恩格斯文集》第1卷,人民出版社2009年版,第164页。
③ 《马克思恩格斯全集》第42卷,人民出版社1979年版,第100页。

的残酷与丑陋。但不管是异化的产生还是扬弃，都是历史发展的必然结果。马克思指出，"自我异化的扬弃同自我异化走的是同一条道路"①，要找出异化劳动扬弃的有效措施就需要回归经济现实。

马克思将异化劳动理论当作武器，进一步阐述共产主义社会的美好蓝图，把废除私有制与人的自我异化的复归相统一。在马克思看来，"共产主义是对私有财产即人的自我异化的积极的扬弃"②。要实现共产主义，首先就需要消灭私有财产。但共产主义的实现并不否定此前异化劳动所取得的积极成果。资本主义的商品经济极大促进了生产力的发展，商品交换更为普遍，人的关系被物的关系所掩盖，呈现出一种异化状态，这种异化并不是毫无意义的，它创造出的巨大生产力就为共产主义的实现创造了条件。因此，对于私有制的消灭不是全盘否定，而是一种积极的扬弃。共产主义的实现既是一个理论问题又是一个实践问题。用共产主义的思想来破解私有制的观念，最终要想彻底消灭私有制，也离不开共产主义的行动，广大劳动工人就是实现共产主义的主要力量。在共产主义条件下，人们按照自己的意愿从事生产活动，以此来实现人的本质的复归，满足人多样化的需要。

第七节　新质生产力理论

2023年9月7日，习近平总书记在地方考察期间，首次提出

---

① 《马克思恩格斯文集》第1卷，人民出版社2009年版，第182页。
② 《马克思恩格斯文集》第1卷，人民出版社2009年版，第185页。

具有跨时代意义的"新质生产力"概念,并强调要"积极培育新能源、新材料、先进制造、电子信息等战略性新兴产业,积极培育未来产业,加快形成新质生产力,增强发展新动能"[①]。这一重要论述为中国经济高质量发展指明了正确方向。同年12月,在中央经济工作会议上,习近平总书记明确指出:"要以科技创新推动产业创新,特别是以颠覆性技术和前沿技术催生新产业、新模式、新动能,发展新质生产力。"[②] 这是新质生产力首次在党的重要会议上被提出,标志着此理论正式上升为国家战略。作为马克思生产力理论的中国化时代化的新成果,新质生产力不仅是对传统生产力理论的重大突破,更是对未来经济发展方向的深刻洞察。在百年未有之大变局加速演进的当下,新质生产力又将如何突破发展瓶颈,助力中国式现代化的实现?

一 新质生产力理论的科学内涵

在科技革命与产业变革加速演进的时代背景下,生产力概念正经历着前所未有的变革。作为变革的核心驱动力,新质生产力不仅重构了效率与创新的理论框架,更在实践层面引领经济社会的系统性变革。新质生产力的科学内涵是什么?又为何能在短短时间内成为全球关注的焦点?它究竟如何突破传统生产力的局限,为人类社会进步注入新的活力?

新质生产力是以科技创新为引领的生产力。马克思在《资本论》中写道:"劳动资料不仅是人类劳动力发展的测量器,而且

[①]《习近平主持召开新时代推动东北全面振兴座谈会强调 牢牢把握东北的重要使命 奋力谱写东北全面振兴新篇章》,《人民日报》2023年9月10日第1版。
[②]《中央经济工作会议在北京举行》,《人民日报》2023年12月13日第1版。

是劳动借以进行的社会关系的指示器"①,为我们理解新质生产力提供了重要的理论视角。首先,劳动资料的革新直接反映了生产力的进步。在当代,以人工智能、大数据、云计算、物联网等为代表的新型劳动资料集群式涌现,实现了生产效率的几何级提升。具体而言,数字平台的普及使资源配置效率达到空前水平,智能算法的迭代使供需匹配能力实现质的飞跃。这些新型劳动资料的出现,标志着人类劳动发展迈入了网络化和智能化的新阶段。其次,劳动资料的变革也深刻影响着生产关系的重构。科技创新带来的新型劳动资料正在重塑社会分工和协作方式:数字零工的兴起打破了传统雇佣关系的桎梏,催生了灵活就业模式;平台经济的算法管理正在改变传统的劳动关系和组织方式;区块链技术的应用正在重构信任机制与价值交换模式。这些变化表明,新质生产力不仅带来了技术层面的革新,更推动了生产关系的深层次变革。

新质生产力是突破传统要素范围的生产力,它将数据、知识等新型要素纳入生产体系。马克思认为,"各种经济时代的区别,不在于生产什么,而在于怎样生产,用什么劳动资料生产"②。从历史维度看,人类生产力的演进始终伴随着生产要素的拓展与升级:原始社会以石器工具为标志,农业时代以铁器为特征,工业时代以蒸汽机和内燃机为代表。在数字经济时代,新质生产力实现了生产要素质的飞跃:数据作为新型生产要素,正在重构价值创造的基础;知识作为核心生产要素,正在重塑经济增长的动力机制;算法作为智能化生产工具,正在革新生产组织方式;网络

---

① [德] 马克思:《资本论》第1卷,人民出版社2018年版,第210页。
② 《马克思恩格斯文集》第5卷,人民出版社2009年版,第210页。

作为新型生产平台，正在重构全球价值链分工体系。要素体系的创新性突破，标志着人类生产力发展进入了以数字化、智能化为特征的新阶段。

新质生产力是践行绿色发展理念的生产力，它以更高效、更智能的方式满足人民日益增长的美好生活需要。新质生产力之"质"，核心在于更高的社会生活品质。① 这种品质的提升不仅体现在物质生活的丰富上，更体现在生态环境的可持续发展上。面对工业化进程中积累的环境问题，新质生产力以知识、技术、管理、数据等新型生产要素替代自然资源、能源等传统生产要素，通过智能化技术优化资源配置效率，借助循环经济模式实现废弃物的资源化利用，最大限度地降低产品对生态环境的负面影响。② 在新质生产力的推动下，绿色发展理念正在转化为现实生产力，为构建人与自然生命共同体提供重要的实践路径。

二 新质生产力理论的生成逻辑

新质生产力作为新时代生产力发展的核心概念，实现了理论、历史与实践的有机统一。它不仅是马克思主义生产力理论在新时代的创新性发展，更是推动高质量发展和中国式现代化实现的关键支撑。从理论逻辑到历史逻辑，再到实践逻辑，新质生产力以其丰富的内涵和鲜明的时代特征，为生产力的现代化转型提供了全新视角和路径。

从理论逻辑的视角探究，新质生产力是马克思主义政治经济

---

① 胡洪彬：《习近平总书记关于新质生产力重要论述的理论逻辑与实践进路》，《经济学家》2023 年第 12 期。

② 李晓华：《新质生产力的主要特征与形成机制》，《人民论坛》2023 年第 21 期。

学生产力理论在新时代背景下的创新性发展。马克思认为，生产力是生产能力及其要素的发展。① 新质生产力不仅继承了这一核心思想，更在科技革命和产业革新的实践中，赋予生产力理论新的时代内涵，实现了对马克思主义生产力理论的创造性发展。新质生产力以科技、数据等新型要素为核心驱动力，推动生产力从传统要素驱动向创新驱动的现代化转型。同时，新质生产力立足中国式现代化的实践需求，将绿色发展、高质量发展等理念融入生产力发展之中，为构建人与自然和谐共生的现代化提供了理论支撑，彰显了马克思主义生产力理论的时代价值。在数字化浪潮推动下，新质生产力还探索了新的发展路径，为全球经济发展贡献了中国智慧和中国方案。因此，新质生产力不仅是马克思主义生产力理论在新时代的创新性发展，更是中国共产党领导中国人民在社会主义现代化建设中的伟大成果。

从历史逻辑的维度考察，新质生产力是世界生产力现代化进程中，生产力实现现代化转型的具体体现。它立足于全球生产力发展的历史脉络，既是对工业革命以来生产力发展经验的继承与超越，又是对数字时代生产力变革趋势的主动回应。纵观人类生产力发展史，从农业文明到工业文明，再到数字文明，每一次重大技术革命都推动了生产力的跨越式发展。在新的时代背景下，新质生产力的发展具有特殊的历史意义：它既顺应了全球生产力发展的历史趋势，又立足中国式现代化的实践需求，为生产力的现代化转型提供了新的理论支撑和实践方向。通过推动传统产业数字化转型、培育战略性新兴产业、构建绿色低碳循环经济体

---

① 《马克思恩格斯文集》第7卷，人民出版社2009年版，第1000页。

系，新质生产力正在重塑全球生产力发展格局。

从实践逻辑的方位审视，新质生产力是推动高质量发展、实现科技自立自强的重要支撑。习近平总书记指出："科技创新能够催生新产业、新模式、新动能，是发展新质生产力的核心要素。"[①] 在实践中，新质生产力以科技创新为引领，推动传统产业转型升级，培育战略性新兴产业，构建现代化产业体系。同时，它通过数字化、智能化、绿色化等新技术的广泛应用，优化资源配置，提高生产效率，为经济高质量发展注入强劲动能。此外，新质生产力的实践发展还体现在"三个统筹"上：一是统筹发展与安全，通过加强关键核心技术攻关，增强产业链、供应链自主可控的能力；二是统筹效率与公平，推动发展成果更多更公平惠及全体人民；三是统筹当前与长远，为可持续发展奠定坚实基础。这些实践探索为实现科技自立自强提供了有力支撑，彰显了新质生产力的战略价值。

三 新质生产力理论的发展动力

新质生产力的蓬勃发展，使其成为引领经济社会高质量发展的关键驱动力。然而，这种力量的源泉并不是单一的，而是内在动力与外在推动力共同作用的结果。内在动力源自生产力核心要素之间的相互作用与矛盾，而外在推动力则来自政策、技术、产业和社会需求等多方面的支持。二者协同作用，不仅塑造了新质生产力的独特发展路径，也为未来经济增长模式的转型和社会进

[①] 《习近平在中共中央政治局第十一次集体学习时强调：加快发展新质生产力 扎实推进高质量发展》，《人民日报》2024年2月2日第1版。

步提供了更多发展空间和可能性。

新质生产力的发展动力，深植于其核心要素之间的内在矛盾之中。劳动者、生产资料与劳动对象之间的矛盾，既是新质生产力面临的挑战，也是推动其不断优化和升级的动力源泉。通过化解这些矛盾，生产力得以在更高层次上实现平衡与提升，进而推动社会经济的持续发展和人类文明的不断进步。首先，劳动者与生产资料之间的矛盾成为这一进程的起点。随着生产资料的不断升级，智能化设备和自动化系统替代了传统复杂繁琐的手工工作，对劳动者的技能和知识水平提出了更高的要求。这种转变既带来了效率提升的机遇，也产生了技能鸿沟的挑战。特别是在资本主导的生产关系中，劳动者往往无法充分掌握生产资料的使用权或所有权，这在一定程度上限制了他们的创造力和积极性，进而影响生产力的进一步提升。其次，劳动者与劳动对象之间的矛盾也在不断加剧。随着科技飞速发展，劳动对象已从传统物质资源拓展到数据、信息等新型生产要素。这种改变要求劳动者具备更多的专业知识和持续学习的能力，以更好地理解并适应新的技术环境。如果劳动者的素质或学习能力不能跟上科技发展的步伐，则需要面对被淘汰或边缘化的风险。虽然这一矛盾带来了压力，但也催生了终身学习体系的构建，助推了教育模式发展前进，为新质生产力的发展注入了源源不断的人才动能。最后，生产资料与劳动对象之间的矛盾同样不能忽视。面对日益复杂的劳动对象，传统生产工具已难以满足高效开发与利用的需求。诸如稀有资源或复杂数据等劳动对象，需要特定的生产资料才能有效开发和利用。如果生产资料或技术水平无法满足这些需求，则会导致资源浪费。这一矛盾推动了生产工具的智能化升级和资源的精准配置，催生了新一代信息技术、人工智能等前沿科技的发展。通过技术创新和产业变革，生产资料与劳动对象之间的适配性不断提升，为新质生产力的发展奠定了坚实的物质技术基础。

新质生产力的发展动力，深植于全面深化改革的外在驱动之中。习近平总书记明确指出："发展新质生产力，必须进一步全面深化改革，形成与之相适应的新型生产关系"①，揭示了改革与新质生产力发展之间的内在逻辑，为新时代生产力变革指明了方向。首先，绿色发展方式的构建是新质生产力的重要驱动力。在全面深化改革的战略引领下，传统的高耗能、高污染生产方式正逐步被绿色、低碳、可持续的发展模式替代。通过完善绿色技术创新体系，推动清洁能源和循环经济发展，产业结构得以优化升级，新质生产力得以在生态友好的轨道上实现高效增长。"环境就是民生，青山就是美丽，蓝天也是幸福"②，这一重要论述深刻诠释了绿色发展的人民性特征。通过培育绿色生活方式，满足人民群众对良好生态环境的向往，新质生产力不仅为劳动者创造了更优质的积累条件，更实现了经济发展与生态福祉的有机统一，彰显了以人民为中心的发展理念。其次，人才机制改革的深化是新质生产力发展的重要支撑。科技是第一生产力，人才是第一资源。通过创新人才培养模式，优化人才评价机制，构建更加开放灵活的人才管理体系，为发展新质生产力提供坚实的人才保障。

---

① 习近平：《发展新质生产力是推动高质量发展的内在要求和重要着力点》，《求是》2024年第11期。
② 丁任重、李溪铭：《深刻理解加快经济发展方式绿色转型的重大意义》，《经济纵横》2023年第7期。

同时，深化教育体制改革，推动职业教育与产业需求精准对接，培养适应新质生产力发展的高素质劳动者队伍，为生产力变革注入持久动力。再次，现代化产业体系的构建是新质生产力发展的战略基石。构建以实体经济为核心的现代化产业体系，是因地制宜培育新质生产力的重要保障。制造业作为实体经济的主体，其向高端化、智能化、绿色化方向的转型升级，直接关系到新质生产力的形成与提升。通过推动产业链、价值链向高端延伸，增强国际竞争力，促进科技创新与产业深度融合，为新质生产力发展提供持续动力。最后，数字基础设施体系的建设是新质生产力发展的重要抓手。长期以来，"城乡数字鸿沟"导致乡村在信息获取、资源利用和发展机会上处于劣势，而数字基础设施的建设能够有效弥补这一差距。[①] 乡村地区通过普及5G网络、宽带互联网和卫星通信等设施，实现与城市信息互联互通，促进资源要素高效流动。数字技术催生的农村电商、直播带货等新业态，拓宽了农民增收渠道；远程医疗、在线教育等数字化手段，提升了乡村公共服务水平。同时，数字技术还助力乡村文化传承与创新，为乡村振兴注入新动能。

这些改革举措的协同推进，不仅为新质生产力发展提供了制度保障，更彰显了中国特色社会主义制度的显著优势。通过全面深化改革，构建与新质生产力相适应的新型生产关系，必将推动中国经济社会发展迈上新台阶，为实现中华民族伟大复兴提供强大动力。

---

① 袁野：《新质生产力赋能乡村振兴发展的要素保障与实施路径》，《社会科学家》2024年第6期。

第三章

催生数字平台的数字资本二重性分析

第一节　基于马克思资本二重性理论的分析

资本作为历史发展演进的产物,"不是一种物,而是一种以物为中介的人和人之间的社会关系"①。基于此,数字资本本质上隶属于数字时代的社会关系。一方面,从数字资本的生成路径出发探究其生成规律,可以发现作为在产业资本和金融资本基础上的资本新样态,其转化前提依旧是在社会发展的过程中,数字技术的迭代更新使得社会分工趋于越发精细化,此时大量产业和金融资本家借助于对数字化生产资料的高度占有,迫使大量劳动者与劳动资料呈现分离状态,在此基础上形成数字资本与数字劳动。进一步,数字劳动作为以劳动者的数字能力为

---

① 《马克思恩格斯文集》第5卷,人民出版社2009年版,第877—878页。

劳动力，以数字技术为劳动资料，以数据要素为主要劳动对象的新型劳动方式，成为数字资本主导下的主要生产方式。另一方面，资本作为一种社会关系无法发生价值增殖，想要实现增殖就必须舍弃其作为社会关系的一般形态，转化为能够投入劳动过程进行加工和改造的具体形态，这一具体形态被马克思称为"资本要素"。只有当数字资本深入数字劳动这一生产方式中，脱去其社会关系外壳，转化为数字化的劳动资料和劳动对象，成为数字资本要素的齿轮，推动着数字资本主导下生产方式的机器不断革新与有序运转，才能有效地与数字劳动力相结合，进而激发数字劳工的价值创造能力，并最终在数字商品上得以获得，通过流通实现自身的不断增殖。

第二节　数字资本的生成规律性

数字资本绝不是凭空产生，它是历史的范畴，是在数字时代发展和转化的资本发展新样态，是数字时代背景下的一种社会关系。[1] 它虽然受数字化影响呈现各种有别于传统资本的新特点，但究其根本并未背离马克思资本理论场域，依旧具有资本的一般性。它仍旧以数字时代劳动者与劳动资料的所有权相分离作为转化前提，以数字劳动作为生产方式，以追求剩余价值作为其生产本质。

---

[1] 郑冬芳、秦婷：《数字资本驱动下新消费主义的政治经济学释析》，《思想教育研究》2022年第7期。

一 数字时代的社会关系

国民经济学家认为,"资本是以货币和商品形式存在的积累的劳动,它象一切劳动条件(包括不花钱的自然力在内)一样,在劳动过程中,在创造使用价值时,发挥生产性的作用,但它永远不会成为价值的源泉"①。马克思则指出,"资本只有作为一种关系,——从资本作为对雇佣劳动的强制力量,迫使雇佣劳动提供剩余劳动,或者促使劳动生产力去创造相对剩余价值这一点来说,——才生产价值"②,即资本是在生产过程中缔结而成的特殊关系,所反映的是货币所有者与劳动所有者之间的交换关系。这种交换关系是社会自发分工而导致的人与人之间关系的异化。劳动者的劳动产品为货币所有者所占有,为获取生活资料,劳动者与货币所有者之间发生劳动力商品买卖,形成雇佣关系,为货币所有者创造剩余价值。在这个过程中,资本占有"不仅包括生活资料、劳动工具和原料,不仅包括物质产品,并且还包括交换价值"③,并因此缔结形成社会生产关系,这种关系必然随着社会发展而发生历史变革。从奴隶时代到资本主义时代,不同社会发展样态所反映的是从奴隶到雇佣的不同社会关系。资本的产生也正是资产阶级社会登上历史舞台,由资产阶级创造的一种特殊生产关系。

"手推磨产生的是封建主的社会,蒸汽磨产生的是工业资本

---

① 《马克思恩格斯全集》第26卷(第1册),人民出版社1972年版,第73—74页。
② 《马克思恩格斯全集》第26卷(第1册),人民出版社1972年版,第73页。
③ 《马克思恩格斯文集》第1卷,人民出版社2009年版,第725页。

家的社会。"① 伴随着生产工具不断推陈出新，社会生产方式也发生历史性变革，以及社会生产关系不断重塑。以大数据、区块链、互联网为代表的数字技术，形成了全球范围的数字化信息网络，引发生产方式根本性变革。数据网络的连通性和数字工具的高效性渗入传统生产领域，并以其虚拟生产空间、产业内精细化分工和数据生产要素等特性，推动雇佣劳动向技术契约型劳动转变、工厂劳动向平台劳动转变、实体制造向虚拟制造转变，生产方式的革新，使得新型社会生产关系在这一数字化生产领域缔结并成熟起来。基于此，劳动者所拥有的劳动力被进一步细分为能够被积累、转化的数字能力，如信息、沟通、安全、内容创造和解决问题等。② 有凭借强数字能力而被雇佣专门从事数据加工、软件开发的数字雇工，也有低技能要求、通过数字平台进行在线信息沟通或提供短期服务的数字零工。然而，不论是何种劳动形式，都因为资本所有者对其所拥有的各类生产资料所具有的垄断地位，而沦为资本实施增殖逻辑的重要对象。资本家通过将生产资料进一步转化为用于劳动者进行积累和转化的外部数字技术资源，实现对劳动者的完全吸纳和全面监视，进而全方位地隐蔽剥削数字劳工们的剩余价值。由此，传统资本在数字化基础上重构，数字资本作为数字时代的新型社会生产关系，成为资本发展的新样态。但是，它并未摆脱进行自我增殖和不断循环的基因，故而依旧遵循着资本主义生产方式的基本规律——剩余价值规律，数字资本依旧是生产剩余价值的价值。

---

① 《马克思恩格斯选集》第1卷，人民出版社2012年版，第602页。
② Massimo Ragnedda, Maria Laura Ruiu, Felice Addo, "Measuring Digital Capital: An Empirical Investigation", *New Media & Society*, Vol. 22, No. 5, August 2020, pp. 793–816.

二　数字资本的转化前提

货币转化为资本的前提，是劳动者与生产资料相分离。资本的产生历经了从产品到商品再到货币再到资本的自然转化路径。[①] 在人类社会发展早期，存在着两种社会形式：亚洲村社和这种或那种类型的小家庭农业。[②] 当时劳动者和劳动条件高度统一，人们通过自给自足生产来满足日常所需。伴随着个人需要不断提升，"以物易物"的交换方式开始产生，具有使用价值和价值的商品萌芽。随之而来的，是在交换过程中出现固定充当一般等价物的商品——货币。[③] 伴随着商品和货币的不断发展，这两种形式开始变得"不适合于把劳动发展为社会劳动，不适合于提高社会劳动的生产力。因此，劳动和所有权之间的分离、破裂和对立就成为必要的了。这种破裂的最极端的形式就是资本的形式"[④]。当货币从商品交换过程进入生产过程，用于购买生产资料时，劳动者和生产资料所有权已经分离，劳动者为了获取生产生活资料，沦为劳动力商品，货币背后人与人之间的异化关系逐渐显露，便得以完成向资本的转化。

数字资本的转化前提，亦是劳动者与生产资料所有权的分离。诚如马克思所预言的那样，"随着时间的推移，旧资本总有一天会从头到尾地更新，会脱皮，并且同样会以技术更加完善的形态

[①] 高广旭：《资本批判与时间解放——〈资本论〉的时间分析及其政治结论》，《南京社会科学》2022年第5期。

[②] 张旭：《正确认识资本的特性与发挥资本要素的积极作用》，《当代经济研究》2022年第5期。

[③] 付文军：《论马克思政治经济学的历史本质及其意义》，《社会科学战线》2019年第7期。

[④] 《马克思恩格斯全集》第26卷（第3册），人民出版社1974年版，第466页。

生产出来，在这种状态下，用较少的劳动就足以推动较多量的机器和原料"①。随着数字技术的不断发展，物联网、大数据、云计算等新型生产工具成为第四次工业革命的主要代表。②由此，一种新型的资本积累方式出现。一方面，数字技术凭借其强大的外延性与连通性，构建起全球数字平台网络，将全球范围内的劳动者和生产资料纳入其中，迫使社会分工变得更加精细化，推动劳动数字化进程加快。在这一发展洪流中，资本家通过早期对劳动者劳动产品的大量占有，进一步实施对平台等数字技术和数据等生产资料的私有化，致使劳动者为了获取生存和发展所需的物质生产资料，只能向资本权力妥协，再次沦为出卖自身数字能力的数字劳工，向资本家交换数字能力，从而实现对数据生产要素的生产或者加工改造，来换取生活资料。另一方面，由于生产资料的数据化和全球数字平台网络的建立，资本家得以构筑起全球劳动力和产业后备军市场。③"过剩的工人人口形成一支可供支配的产业后备军，它绝对地从属于资本，就好像它是由资本出钱养大的一样。"④数字资本驱使数字技术不断革新，并作用于生产过程，这就使得广大劳动者一方面因为产业数字化而被机器取代，沦为失业者；另一方面又因为数字产业化，产生了物流、外卖等大量新型低门槛岗位，提供了再就业机会。显然，无论哪一种方式，都反映了劳动者与生产资料相分离，劳动者缺乏必要的生产资料。

---

① 何爱平、徐艳：《〈资本论〉视角下中国劳动关系的现实反思与建设路径》，《教学与研究》2018年第10期。
② 佟林杰、张明欣：《数字形式主义的生成逻辑、制度困境及消解策略》，《理论导刊》2022年第4期。
③ 温旭：《数字劳动、数字资本主义与数字资本积累——基于大卫·哈维的剥夺性积累理论》，《学术论坛》2021年第4期。
④ [德]马克思：《资本论》第1卷，人民出版社2018年版，第728—729页。

三 数字资本的生产方式

资本是在生产过程而不是在流通过程中产生。[①] 古典经济学家对资本的考察缘于货币和商品，在他们看来，资本以货币和商品作为其主要存在形式和积累途径，它如同其他一切劳动资料一样，在劳动中，在使用价值生产中，发挥着生产性作用，但却不是价值创造的源泉。对此，马克思批判了古典经济学家在资本认识上的片面性，"资本只有作为一种关系，——从资本作为对雇佣劳动的强制力量，迫使雇佣劳动提供剩余劳动，或者促使劳动生产力去创造相对剩余价值这一点来说，——才生产价值"[②]。因此，充分认识资本就必须从生产领域出发，从劳动出发，探察资本与劳动的关系。

资本与劳动的对立统一是历史发展的必然结果。人类文明初期，社会自发分工引发的异化劳动，孕育出了私有财产，催生出了资本家和工人两大对立的阶级。"对工人本人来说，这种生产劳动像任何其他生产劳动一样，不过是再生产工人所必需的生活资料的手段；对于资本家来说，这种生产劳动则仅仅是赚钱的手段，生产剩余价值的手段，资本家对使用价值的性质和所使用的具体劳动的性质本身是完全无所谓的。"[③] 由此，劳动力商品化，劳动者成为雇佣工人，货币所有者摇身变为资本家。而后到了机器大工业时代，伴随着社会生产的发展，资本家通过殖民掠夺、

[①] 付文军：《论马克思政治经济学的历史本质及其意义》，《社会科学战线》2019 年第 7 期。
[②] 《马克思恩格斯全集》第 33 卷，人民出版社 2004 年版，第 71 页。
[③] 《马克思恩格斯全集》第 38 卷，人民出版社 2019 年版，第 132 页。

土地征收等方式加剧了生产资料私有化过程。在资本增殖本性驱动下，为了攫取更多的剩余价值，资本家开始雇佣更多的劳动者进行商品生产，通过劳动者的具体劳动为商品附之以使用价值，通过抽象劳动为商品附之以价值。资本的存在离不开对活劳动的吮吸，同样的劳动的不断发展也在资本有机构成的不断提高中得到革新。至此，资本主义生产方式——雇佣劳动最终形成和确立，人类社会由此开启资本主义社会纪元。

数字资本时代，数字劳动逐渐成为生产的主导方式。资本是一种社会生产关系，是一种历史的生产关系。[①] 随着数字平台、人工智能的出现，劳动资料和劳动对象的转变，传统雇佣劳动形式发生变革。以数字平台为劳动场所、以数据为劳动对象、以数字技术为劳动工具的劳动方式——数字劳动诞生。区别于传统雇佣劳动，数字劳动具有更广阔的劳动场所、更灵活的劳动时间和更多样的劳动形式。依据劳动者的劳动能力差异性，数字劳动得以进一步细化分为三类：一是以其技能和专业知识能力与数字企业建立雇佣关系的数字技术维护者、数字产品开发者，如程序测试和维护专员、软件开发运营员；二是以其人力劳动借助于平台进行劳动的灵活就业者，如外卖骑手、同城配送、滴滴打车等；三是以其自身创作能力和创造能力与数字平台建立合作关系的自由创业者，如网络主播、UP 主等。然而，无论劳动者采取何种形式，仍无法摆脱资本控制：一方面，对于数字雇工，资本家通过强化雇佣关系，直接加剧对劳动者剩余价值的压榨和剥削，而对于灵活就业者，则通过平台监视和竞争机制，隐蔽强化对其的实

---

① 参见《马克思恩格斯全集》第 44 卷，人民出版社 2001 年版，第 877—878 页。

质隶属和"自我剥削";另一方面,资本家借助数字平台,通过用户使用协议告知书等实现对用户数据和流量的充分占有,广大灵活从业者被迫让渡劳动产品的剩余价值;此外,资本家还通过无偿占有数据和流量,为资本增殖和扩大再生产创造条件。由此可见,无论资本家采取何种模式,劳动者得以何种形式"解放","资本只有一种生活本能,这就是增殖自身,创造剩余价值,用自己的不变部分即生产资料吮吸尽可能多的剩余劳动"[1],这是资本从未改变的本性。

四 数字资本的发展本质

"剩余价值的生产是生产的直接目的和决定动机。资本本质上是生产资本的,但只有生产剩余价值,它才生产资本"[2],这是资本主义生产方式的特征,而"生产剩余价值或赚钱是这个生产方式的绝对规律"[3]。

对于资本而言,自行增殖是它的本性。在马克思看来,"资本逃避动乱和纷争,它的本性是胆怯的。这是真的,但还不是全部真理。资本害怕没有利润或利润太少,就像自然界害怕真空一样。一旦有适当的利润,资本就胆大起来。如果有10%的利润,它就保证到处被使用……如果动乱和纷争能带来利润,它就会鼓励动乱和纷争"[4]。当资本作为生产要素被投入生产,它本身所具有的生产使用价值的目的就消失了,为了生产商品用于交换,创

---

[1] 《马克思恩格斯文集》第5卷,人民出版社2009年版,第269页。
[2] 《马克思恩格斯全集》第46卷,人民出版社2003年版,第997页。
[3] 《马克思恩格斯全集》第44卷,人民出版社2001年版,第714页。
[4] 《马克思恩格斯全集》第44卷,人民出版社2001年版,第871页。

造更多交换价值成为新的目的和动机,即:转化为一个等于原有价值额加上这个原有价值的余额的货币额或价值额,转化为既定的价值加上剩余价值。[①] 由此,追求剩余价值成为资本主义生产过程中的唯一动机和驱动因素。在资本主义生产方式中,资本家通过直接延长工作时间获得绝对剩余价值,或者通过缩短必要劳动时间获得相对剩余价值,这两种方式来生产剩余价值。随着科学技术的不断发展,步入数字时代,数字资本生产剩余价值的方式呈现新的时代特征。

数字资本有机构成进一步提升,剩余价值率也随之提高。遵循资本运行逻辑,数字时代数字劳动的普遍商品化,成为数字资本创造剩余价值的前提。得益于数字平台和信息网络的建立,数字劳动将全球范围内的劳动者都纳入了数字劳动市场,扩大了剩余价值生产范围。一方面,由于数字技术不断创新,数字资本技术构成不断提升,用于购买数字化劳动力的可变资本 v 比重不断下降,资本有机构成呈现不断提升趋势;另一方面,通过弹性工作制、绩效考核等方式,数字资本不断对劳动者施以无形生存压力,迫使劳动者在快节奏的生活方式中"自愿"接受加班,由此数字劳动生产过程实现全天候、全时段渗透,劳动者的全部生活时间都沦为数字资本生产剩余价值的过程,同时得益于数字平台、智能办公软件,传统人力劳动时间实现大幅缩短,社会必要劳动时间实现大幅下降,工作时间的全时段延长和必要劳动时间的技术性缩短,使得数字资本实现对剩余价值量 m 的大幅提升,

---

① 付文军:《论马克思政治经济学的历史本质及其意义》,《社会科学战线》2019 年第 7 期。

由此在剩余价值率 m' = m/v 的公式中，m 不断增多，v 的成本不断缩小，数字资本获得了更为巨大的剩余价值率。

数字平台凭借垄断地位，攫取巨额剩余价值。除了传统剩余价值生产场域的变革，数字资本作为时代新秀，借助于其所构建的全球数字化工厂，依托数字平台构建起数字资本特有的剩余价值生产方式。数字平台作为数字资本建构的数字化虚拟空间，本身并不具备生产剩余价值能力。然而，借助其所拥有的海量数据信息和用户流量，数字资本创造出了以算法推荐为核心的剩余价值攫取模式。在基于数据价值链的商业模式中，数字平台通过不断扩展数字交易市场，不断挖掘数据要素本身的剩余价值来扩充剩余价值的生产路径。一方面，通过搭建"劳动者—平台—第三方"之间的匹配沟通桥梁，数字平台以其所拥有的数据和流量进行垄断性定价，赚取流量和数据收益，具体而言，即通过对劳动者或用户的劳动和使用全过程进行后台实时监控，把握劳动者或用户偏好，进行精准画像，为广告商或第三方提供大数据分析，以针对性投放广告或服务；另一方面，数字平台本身通过不断布局和完善数字内容生态，激励平台内容创作者开发和创新针对性服务和商品，经由平台打造热点和爆款，通过付费会员、产品订购等方式实现直接商业变现。[①]

简而言之，数字资本逻辑下的数字劳动依旧是剩余价值生产的唯一源泉，技术的革新与发展并未改变生产剩余价值发展规律。唯一不同的是，在数字时代，数字资本通过强渗透的数字技

[①] 黄再胜：《数字剩余价值的生产、实现与分配》，《马克思主义研究》2022 年第 3 期。

术实现对人的劳动力的全面挖掘和吸纳，以更加高效、更加隐蔽的方式，践行其追求剩余价值的本性。

第三节　数字资本的要素特殊性

当数字资本进入生产领域后，便脱去其社会关系外壳，转化成为生产要素，推动着数字资本主导下的生产方式不断革新。由于数字资本逻辑下的数字技术作用于劳动过程，传统劳动发生全面数字化转型，数字劳动成为数字时代的普遍劳动样态。深入分析劳动过程表明，引发这一转型的关键在于数字资本在劳动过程所分解的各种要素，即生产要素。马克思对于生产要素的考察是从劳动对象和劳动资料两个层面展开。数字资本的生产要素特殊性主要体现在作为特殊劳动对象的数据和作为特殊劳动资料的数字技术两方面。

一　数字资本的具体样态

"资本逻辑的关系形态就是被物与物的关系掩盖的人与人之间的社会生产关系。"[①] 数字资本所反映的是在数字劳动过程中，劳动者与数字资本所有者之间的关系——劳动者的数字化能力成为商品，通过技术契约，如用户协议及隐私条款与数字资本所有者缔结劳动关系，数字资本所有者不仅占有劳动者在使用技术进行数字劳动过程中所生产的数据创造的直接剩余价值[②]，而且通

---

① 魏传光:《从生产逻辑到资本逻辑：马克思正义思想的双重透视》，《哲学动态》2021 年第 3 期。

② 直接剩余价值是指资本家通过将用户数据作为商品直接出售给广告商等第三方所获得的利润。

过数据二次加工（当然，此时还包括劳动过程之外途径获取的数据）创造间接剩余价值。①在对资本加以剖析时，马克思指出要从资本的生产要素，即"资本在劳动过程中借以存在并分解成的各种物质组成部分"②层面加以考察，其具体表现为劳动资料和劳动对象。基于马克思的分析，数字资本生产要素是数字资本在生产过程中的具体样态，分解为数字资本在数字劳动中的物质组成部分，具体表现为数字化的劳动资料和数字化的劳动对象。

劳动资料从两方面发生数字化变革。劳动资料，是指"劳动者置于自己和劳动对象之间、用来把自己的活动传导到劳动对象上去的物或物的综合体"③。传统的劳动资料大多是指劳动者用于进行生产的劳动工具，如封建时代的手推磨、资本主义时代的蒸汽机等，然而伴随着数字技术的发展，传统的劳动资料发生了两方面的根本性变革：一是传统劳动资料实现数字化，数字技术通过与传统生产资料相融合，实现人工智能对手、脑的延伸，通过将智能控制系统与传统工具结合，实现数字化流水线生产，劳动者通过操作系统实现对双手的解放等。④"除了那些把劳动的作用传达到劳动对象，因而以这种或那种方式充当活动的传导体的物以外，劳动过程的进行所需要的一切物质条件也都算做劳动过程的资料。"⑤另一方面，在数字技术推动下还诞生出了互联网、大

---

① 间接剩余价值是指资本家通过将用户数据作为生产要素用于生产出新的商品，如游戏皮肤、虚拟产品等进行出售所获得的利润。
② 付文军：《论马克思政治经济学的历史本质及其意义》，《社会科学战线》2019年第7期。
③ ［德］马克思：《资本论》第1卷，人民出版社2018年版，第209页。
④ 赵敏、王金秋：《数字技术与当代生产方式新变化问题研究》，《政治经济学评论》2022年第3期。
⑤ ［德］马克思：《资本论》第1卷，人民出版社2018年版，第211页。

数据、算法、人工智能等数字化的劳动资料，如以数据作为生产资料的算法设计平台，通过设计数字指令实现对智能系统的控制，以互联网为劳动资料的电商、直播、物联网平台等新兴行业如雨后春笋般涌现。①

劳动对象的数字化变革也不可逆转。劳动对象是指人类在物质生产过程中运用劳动资料将劳动施加于其上的物质资料，劳动资料的数字化变革必然引起劳动对象的数字化变革。数字技术极大地突破了时空界限，有效拓宽了人们的资源获取渠道，创造出了其所独有的劳动对象——数据②，党的十九届四中全会首次提出"数据作为生产要素按贡献参与分配"，明确了数据生产要素的重要地位。其中用于反映不同用户群体行为习惯的信息以及数字化知识，已成为数字劳动的主要人工合成劳动对象，前者主要包括供给方所提供的各种商品信息和服务、用户的点赞量、阅读量和点击量等，被广泛运用于数字平台企业，后者包括数字技术开发者所需的数字指令和开发组件信息、专业知识及其相关教程等，成为当前软件开发行业和教辅行业的核心要素。③

二 以数据要素为核心劳动对象

数据成为数字资本生产要素的核心劳动对象。④ 在人类文明

---

① 温旭：《对数字资本主义的马克思劳动价值论辨析》，《思想理论教育》2022年第6期。
② 熊亮：《数字媒介时代的马克思生产力理论创新认知》，《江苏社会科学》2022年第4期。
③ 王璐、李晨阳：《平台经济生产过程的政治经济学分析》，《经济学家》2021年第6期。
④ 黄再胜：《数据的资本化与当代资本主义价值运动新特点》，《马克思主义研究》2020年第6期。

诞生初期，由于劳动能力的局限性，劳动过程的主要劳动对象局限于各种自然要素，"土地（在经济学上也包括水）最初以食物，现成的生活资料供给人类，它未经人的协助，就作为人类劳动的一般对象而存在。所有那些通过劳动只是同土地脱离直接联系的东西，都是天然存在的劳动对象"①。然而，随着社会生产力不断发展，人类步入以蒸汽机为代表的资本主义时代，在机器大工业助力下，人类的劳动过程从单纯的人与自然界之间物的交换，转变为对人类社会和人自身的改造，劳动对象内涵开始不断丰富，出现如货币、资本、知识、信息等新兴劳动对象。相较于传统的劳动对象，这些对象生长于新兴社会环境，发展于新兴社会关系，使得其受自然环境影响小，呈现极强的历史性与唯物性，具有当下数字特有的再生性和发展性。以知识和信息为例，它不仅没有因为被劳动者改造而衰减；反之，伴随着劳动者的改造呈现不断壮大的趋势。

技术特征方面，数据具有多元性、依赖性和渗透性。随着互联网技术的发展，数据来源和格式变得更加复杂多样，各种图片、流量等非传统数据格式涌现，同时基于数据生产者的差异性，数据价值也呈现出多元化趋势；但是数据本身作为无形资产，无论价值如何多元，都绝对离不开对其他劳动对象的依赖，必须借助于网络、算法等技术在传统要素基础上进行加工和改造才能实现其价值增殖过程，因而数据的渗透性也得以体现，通过与其他要素和部门协作，辐射影响其他要素生产过程和部门管理运作。

---

① ［德］马克思：《资本论》第 1 卷，人民出版社 2018 年版，第 208—209 页。

经济特征方面，由于数据要素所具有的渗透性，数据要素呈现出明显的马歇尔外部性[①]、间接性、紧密性和规模性的特点。对单个个体而言，其所产生的数据对其他用户并没有直接影响，但当大数据对用户数据进行集聚和收集，并经由"精准画像"后便可以对用户生产生活产生直接影响甚至控制。同时，在技术水平不变条件下，数据要素所耗费的成本还会随着其数量规模提高而降低，数据所能挖掘出的价值也会随之不断提高，数据要素具有明显的规模经济效应。除此之外，数据相比其他要素能以更低成本进行复制和使用，彼此互不干扰，这也表明数据要素具有区别于私人物品的不完全竞争性和不完全排他性，并能在必要情况下转化为公共物品或私人物品，呈现出明显的准公共品属性。[②]

三 以数字技术为关键劳动资料

数字技术是数字资本要素的关键劳动资料。[③]从早期社会的手工工具到资本主义时期的机器工具，再到数字经济时代的数字技术和装备，这是生产力发展的必然结果，是劳动资料不断与时俱进的体现。数字技术及其装备在本质上依旧归属于劳动资料范畴，是对人脑和肢体功能的进一步延伸。互联网、人工智能、区块链等就是数字经济社会先进生产力的重要体现。数字经济条件下的劳动资料是充分与数字技术相融合的劳动资料，即包括数字

[①] 马歇尔外部性意为集聚经济，是指某个产业或行业不断扩张时，所属的每个企业主体都能获得更好的中间投入品、更专业化的员工、更多元的生产和管理知识，从而提高生产效率。

[②] 白永秀、李嘉雯、王泽润：《数据要素：特征、作用机理与高质量发展》，《电子政务》2022 年第 6 期。

[③] 黄再胜：《数据的资本化与当代资本主义价值运动新特点》，《马克思主义研究》2020 年第 6 期。

经济运行所必需的一切硬件和软件设备，以及网络平台设施、现代通信工具、人工智能设备等，种种数字技术设备构成了数字经济时代生产过程的重要物质条件。从本质来看，数字技术设备在劳动过程中发挥的作用与传统机器工具相似：数字技术依旧充当着人类生产过程的适配器，是将人类劳动能力与生产要素相结合的重要手段和方式。数字技术设备虽具有不同于其他机器设备的兼容通用性，但从唯物史观视角来看，数字技术的产生离不开互联网、蒸汽机的奠基，是传统机器和工具的数字化升级的产物，因而成为现时代先进生产力的标志，成为现时代劳动资料的核心部分。

数字技术具有极强的扩展性和超越性。"数字技术能通过从原始数据中提取高层次、抽象化的特征，完成特定的非程序化任务，使劳动资料表现出和人脑一样甚至超越人脑的智能性。"[①] 作为当前时代的先进生产力和核心劳动资料，数字技术对人脑和肢体的延伸，在范围和深度上都实现了飞跃式扩展：一方面，借助智能机器所具有的生产连续性和自动性，劳动者不再困于重复工作的枯燥状态和高危工作的风险危惧之中，生产过程实现从辅助人到解放人的跨越式发展，人的体力劳动获致深度解放；另一方面，借助智能机器对人的视觉识别、力量感知、规划判断等行为进行模拟，传统机器工作范围实现从程序化向非程序化扩展，极大节约了传统的脑力消耗，人的脑力劳动获得解放。更进一步，数字技术在发展过程中呈现出极强的超越性，具有超越人脑速度

---

① 何爱平、徐艳：《劳动资料数字化发展背景下资本主义劳动关系的新变化——基于马克思主义政治经济学视角的分析》，《经济纵横》2021 年第 11 期。

和容量的特征,由此使得生产不再受制于个体能力和生理条件,诸如信息物理系统等数字技术,能够通过连接不同生产模块的智能管控机器,构建一体化的智能生产体系,对在生产过程中的数据进行同步收集、提取、传输,使劳动者仅在网络空间通过解读数据、优化算法便可完成实时监测、模块控制及路径优化等工作,极大程度上提升了组织管理的便利性和现代化水平,生产效率获得质和量的提升。

第四节 本章小结

对于数字资本而言,它既有"资本"的一般性生成规律,又有"数字"赋能的要素特殊性。一方面,数字资本作为一种社会关系,反映的是数字时代社会分工精细化和专业化下的人与人之间的异化关系。以资产阶级为代表的部分不劳动群体占有着数字技术、数据要素等生产资料,主导着社会财富的分配,不断占据着劳动者在异化劳动中生成的劳动产品,致使劳动者日益深陷于贫瘠旋涡之中。由此可见,数字资本在生成路径上与传统资本相同,依旧以劳动者与劳动资料所有权相分离为转化前提。资本家通过在市场中购买劳动者的劳动力商品,组织进行商品生产劳动。劳动作为商品生产与资本增殖场域的地位始终如一,劳动价值论依旧应验。只不过,数字时代资本家通过对数字技术这一先进生产力的占有,使得作为数字资本增殖场域的数字劳动涵盖范围更广、劳动程度更深。但无论形式如何变化,追求剩余价值的资本增殖逻辑作为数字资本生成与发展的内生本质从未改变。另一方面，数字资本与传统资本之间还是因为"数字"的赋能发生了形式上的变化。作为社会关系，资本并不能直接进行增殖，只能通过不断转化为货币资本、生产资本与商品资本，以实物形态的资本要素在劳动过程中不断被转移或附加价值。传统的资本要素主要表现为机器、厂房等劳动资料与木材、棉纱等自然或简单人为加工的劳动对象，而在数字技术先进生产力的作用下，数字资本要素的劳动对象范围从自然领域拓宽到社会领域，种类趋于更加多元，并且由于数字技术的强解码与整合能力，以信息要素为基础发展而来的数据要素成为核心劳动对象。另外，相比于机器大工业时代的机器，以互联网为基础进一步发展而来的人工智能、数字平台已然成为数字资本要素的关键劳动资料。在数字技术的作用下，作为资本增殖场域的数字劳动也突破了传统劳动的时空枷锁，呈现出更加灵活、自由与高效的一面。

第四章

数字平台的二重资本职能表现

第一节 基于马克思产业资本理论的分析

作为数字经济时代的新型生产经营组织形式，数字平台在诞生之初仅仅是一种用于连接双方主体进行交互的场域。① 但伴随着数字平台中的活跃主体不断增多，其功能不断得到开发与完善，逐渐从交互空间向其他空间扩张。依托于数字平台的强交互性，大量资源向平台涌入，用户交互开始从简单社交开始向商品交换扩张，货币、商品开始在数字平台中大量存在。数字平台开始从交互场域向虚拟市场发展，并逐渐为资本意志融合，沦为资本运动载体。在数字平台中，各种生产资料与劳动力商品实现了

---

① 赵秀丽、王生升：《数字平台资本的运动规律研究》，《当代经济研究》2023年第6期。

自由流通与交换，传统货币资本向生产资本转变的过程，在数字平台的作用下变得更加快捷与高效。传统的生产过程实现从线下工厂向线上众包或外包转型，生产资本比例呈现出缩小态势。与此同时，在数字平台赋能下，商品买卖变得更加便携迅速，平台开始大力甚至专门化履行了商业资本职能，商品运动显露出产销一体化倾向。可见，数字平台不仅表现出产业资本与商业资本双重职能时空并存的表征，还呈现出商业资本主导性强化倾向。

第二节 数字平台作为产业资本的职能表现

数字平台的出现推动了生产过程的剩余价值创造。在马克思看来，人类的一般生产过程包含了两个维度：生成使用价值的具体劳动过程和生成价值的抽象劳动过程。因此，其中就必然包含了劳动对象、劳动资料和劳动者三大要素。对数字平台也从这三个维度发挥作用。在劳动对象上，马克思指出："所有那些通过劳动只是同土地脱离直接联系的东西，都是天然存在的劳动对象。……相反，已经被以前的劳动可以说过滤过的劳动对象，我们称为原料。"[1] 随着时代发展和生产力革新，数据取代土地等要素成为数字时代的新型劳动对象。对数据劳动对象的获取，就需要数字平台这一劳动资料。"劳动资料是劳动者置于自己和劳动对象之间、用来把自己的活动传导到劳动对象上去的物或物的综合体。"[2] 数字平台既能够

---

[1]《马克思恩格斯文集》第5卷，人民出版社2009年版，第209页。
[2]《马克思恩格斯文集》第5卷，人民出版社2009年版，第209页。

作为用户进行交互性活动的场所，与数字劳动力相结合进行数据产品的生产，又能作为一种数字基础设施，在技术劳动者搜集、分析数据过程中具有天然优势，因而能够作为劳动资料被广泛运用于生产过程之中。进一步地，数字平台还孕育出更低廉的劳动力和数据获取渠道。得益于数字平台的连通性和交互性，生产过程的发生可以有效摆脱时空限制，劳动呈现出更显著的自由性，劳动力与资本家之间的剥削和对立关系得到明显缓和。同时，借助于平台打造的全覆盖、全渗透、全领域生态圈，社会成员被平台总体吸纳。由此，生产过程具备更为充足的劳动力，以"外包""众包"等为代表的数字零工成为新型劳动力，产业资本家的劳动力成本显著下降。同时全体社会成员在平台上的活动又为平台生成过程提供了海量数据，劳动对象的获取成本同样下降。

数字平台发挥着与产业资本相类似的职能。产业资本，就是指在生产领域能够产生出剩余价值的资本。因而产业资本的职能履行可以被分为购买、生产、销售三个阶段，与之相对的产业资本也就将采取货币资本、生产资本和商品资本三种形态。传统工业资本主义时期，产业资本的三种形态职能各不相同：货币资本的职能是为了购买生产资料和劳动力，为剩余价值创造提供物质基础；生产资本是为了生产商品，创造剩余价值；商品资本则是为了销售商品实现剩余价值。职能的不同也为后面商品资本从产业资本中独立出来成为在流通领域起主导的商业资本提供条件。回归数字平台下的生产过程，平台在取得融资之后，便会将其中一部分作为货币资本用于雇佣技术开发人员和寻求独立承包商进行平台运营维护、数据分析与挖掘、平台管理及辅助支持，在这一过程中数字平台承担着货币资本的职能。[①] 同时，借助平台这一基础设施，特别是工业数字平台，雇佣或"外包"劳动者、数据通过平台提供的多元化"工作台"就能进行数字商品或信息的加工和生产，创造剩余价值，平台呈现出类似生产资本的特征。由于工业数字平台之外的数字平台其本身不存在生产过程或者外包了生产过程。因而，总体上看，数字平台发挥生产资本职能的资本份额分割比例相对甚微。对于数字平台而言，大量资本投入销售阶段以商品资本形式存在。有别于传统商品资本，数字平台本身并不直接经营有形商品。它通常是通过对入驻平台的商品或服务进行低价或免费促销等形式进行推广，从而吸引并锁定用户，扩大网络外部效应。[⑧] 这部分推广费用便是平台商品资本的表现形式。

可见，对于数字平台，货币和商品资本是其产业资本职能的主要表现形式。生产资本占比小预示着它相比实体经济生产成本更低，货币资本和商品资本的高占比则昭示了平台虚拟经济下"要么破产，要么垄断"的极端发展方向。当商品资本从产业资本中独立出来成为商业资本后，在流通领域分割剩余价值便成了平台利润的主要来源。

第三节　数字平台作为商业资本的典型特征

数字平台在流通领域发挥着中介作用。数字平台使两个或两个以上的群体能够进行互动，这些用户群体包括消费者、广告

[①] 赵秀丽、王生升：《数字平台资本的运动规律研究》，《当代经济研究》2023年第6期。

商、服务提供商、生产商、供应商等等。① 根据平台用户的互动形式和目的，可将其划分为广告平台、线上商品交易平台和线下服务交易平台。② 广告平台的运营模式是通过获取 cookies 日志文件和 root 权限，进而收集用户的浏览记录、身份特征等信息，形成用户个人数据库，再借助算法和算力对数据处理和分析，预测用户需求偏好、行为习惯，从而精准投放广告，引起用户的消费欲望，从而达成商品交易。线上商品交易平台，如亚马逊等则是通过整合传统商品交易的购买和支付功能，借由生产商提供商品相关信息，消费者按需下单，促成线上交易订单，系统要求生产商安排物流订单，消费者确认收货后，平台抽取佣金后支付商家商品金额。以 Uber 为代表的线下服务交易平台，则是由消费者在平台上发布服务需求，平台通过系统搜寻服务提供商，促成双方服务订单，达成服务后抽取佣金支付服务方相关酬劳。三类平台都极大促进了商品流通。广告平台通过其所具有的信息传递、消费诱导等能力，刺激和放大消费欲望，进而推动商品流通；线上商品交易平台通过其强大的信息整合能力和实时交互能力，为消费者提供更便携的购物体验、更多元化的商品选择，形成庞大线上消费市场；线下服务提供平台，则通过即时响应的匹配机制，削减供需双方搜寻成本，提升匹配速度，加快商品流通。

数字平台通过提升商品流通速度，并从中获取收益的模式，呈现出典型的商业资本特征。传统工业资本主义时期，商业资本

---

① Bratton, B. H., *The Stack*: *On Software and Sovereignty*, MIT Press, 2016, pp. 251 – 289.

② 谢富胜、江楠、吴越：《数字平台收入的来源与获取机制——基于马克思主义流通理论的分析》，《经济学家》2022 年第 1 期。

的盈利模式便是通过协助商品生产商出售商品,作为媒介生产者和最终购买者,在流通中获取表现为商品价格差额的剩余价值。同时,传统商业资本所承担的是保管、运送和簿记商品相关的流通费用,目的是保障商品能够被消费。再者,商业资本的出现,是生产力发展需要对传统零散分包商进行冲击和对抗的历史必然。回归平台,其身份依旧是媒介生产者,通过促成商品或服务交易来获取利润(佣金)。同时,平台在这一过程中,需要预付互联网、计算机、平台客服等相关的软硬件设施投入费用,以期确保订单能够高效达成。最后,数字平台的出现,亦是数字生产力革新下对传统零售行业和大众媒体的必然颠覆。可见,数字平台具有商业资本的典型特征。

值得注意的是,相较于传统商业资本,数字平台所具有的强大算力和算法,使得它具有更强的集中性。它既能够有效解决传统商业资本中对人力的高度依赖,又能借助虚拟交易空间的强包容性和渗透性实现资本、商品和劳动的数字化随意流通。由此,相关监管成本巨大且难以成形,平台乘机通过其所具有的巨大谈判优势侵害以分散众包者为代表的广大劳动群体,通过商品和资本等的非在地性进行跨国避税,这些客观因素促进了数字平台的集中化。[1]

第四节 数字平台二重资本职能趋势

从数字平台的形成发展路径来看,除工业数字平台是在传统

---

[1] Smyrnaios, N., *Internet Oligopoly: The Corporate Takeover of Our Digital World*, Emerald Group Publishing, 2018, pp. 55-75.

工业生产资料基础上衍生出来的产物外，其他数字平台在未形成之前，都是作为一个"创意"概念出现。由于"创意"的未来发展风险性，因而数字平台只能凭借其所谓"创新性"吸引大量资本市场中的资本盈余部分以风险资本形式投入，再与技术和"创意"耦合形成，或者作为创意类项目经由各类基地直接加速孵化生成。① 这种多渠道融资形式，能够为数字平台带来简单快速且数额巨大的融资，使其在短期内达到"独角兽"规模。但由于其资金主要来源于在实体经济资本市场之外的盈余部分，致使其资本循环表现出生产过程基础之上的相对独立性。主要表现为在空间维度上的资本职能形式分割比例呈现出杠铃式结构，在时间维度上的资本职能循环从时间继起向同轨并行发展。

在空间维度上，产业资本职能的三大形式，即货币资本、生产资本与商品资本在平台作用下呈现出典型的哑铃式结构（见图4-1）。当平台取得风险资本后，便会将其中一部分转化为货币资本投入购买阶段，用于购买进行数字平台设计与研发所必需的数字化基础设施，以及雇佣专门从事数字平台设计研发、运营辅助所需的数字劳工。在数字平台运营初期，这部分的投入成本相对较高，但随着数字平台进入正式运营后，这部分成本会逐渐下降，此时平台会保留或雇佣少部分技术人员，购买少量生产资料以负责平台的各项职能稳定运转。② 从当前数字平台的具体类型来看，除工业数字平台外，其他平台大多以社交媒体与流通领域

---

① 赵秀丽：《数字平台创始人与资本所有者的博弈关系演化分析》，《教学与研究》2023年第2期。
② 赵秀丽、王生升：《数字平台资本的运动规律研究》，《当代经济研究》2023年第6期。

为主要活动场域，不涉及物质性生产活动，因而也无须投入太多生产资料与人力成本，货币资本比例占比更为低下。对于数字平台的生产成本而言，由于工业数字平台之外的数字平台其本身不存在生产过程或者外包了生产过程。因而，总体上看，数字平台发挥生产资本职能的资本份额分割比例甚微。

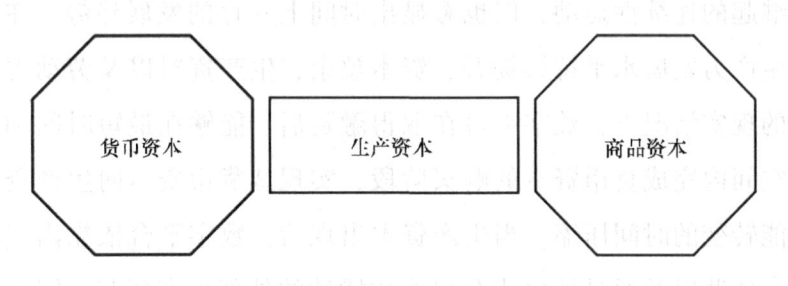

图4-1 数字平台的三种资本职能占比哑铃式结构

在此基础上，商品资本自然而然就在数字平台的资本职能形式分割比例中占据主导。实际上，这部分就是数字平台围绕销售商品所支出的资本，是货币资本与生产资本的集中转化形式。在上一环节中，数字平台本身不存在或外包生产过程，加之受到平台本身的虚拟性影响，致使平台无法直接从事有形商品销售，如亚马逊平台主要负责为实体经济生产的有形产品提供间接的线上销售渠道。对于商品而言，销售环节是其得以从商品资本转变为货币资本的"惊险一跃"，也是剩余价值得以实现和转移的重要途径。而对于数字平台而言，协助完成商品销售是其能够从生产商处分割剩余价值的重要前提。因此，在数字平台平稳运营后，必然分割大量的资本投入商品销售领域以形成对市场份额的绝对占有。例如通过平台补贴、免费或低价提供服务、邀请新人免单等方式吸引大量商家与用户进入并提升黏性，其中商品促销价格与原始划线价格之间的差额就需要平台通过商品资本加以补偿。若平台的商品资本投入能够有效填补推广阶段的巨额亏损，熬过实现正反馈的临界点，平台便能充分占据市场，进而实现规模经济乃至垄断地位；反之平台便会直接"夭折"。

在时间维度上，数字平台的资本职能循环形式依旧呈现出时间继起的连续性运动，但也彰显出时间上并存的发展趋势。在当前生产力发展水平持续提升、资本盈余、生产资料以及劳动力充足的现实情况下，数字平台在取得融资后，能够在最短时间和最大空间内完成货币资本的购买阶段，实现从货币资本向生产资本职能转变的时间压缩。当生产资本出现后，数字平台依靠内嵌的生产环节以及通过外包或众包形式撬动的外部生产环节，同步进行生产过程。相比于传统生产过程，这一模式能够有效整合社会闲散资源，形成生产合力，进而提高生产效率，实现从生产资本向商品资本转变时间的缩短。当步入商品销售环节后，数字平台的数据分析与强整合能力得以彰显。数字平台通过前期的推广阶段形成庞大的用户群体，通过对用户需求偏好等行为数据的大量收集整合，进一步分析生成用户的"消费画像"，通过向消费者精准投放广告、向第三方广告商出售广告位等营销手段与模式实现对消费者需求的刺激，并不断调整市场中的商品生产与供给，全方位满足消费者的需求。通过对大数据、云计算等数字技术以及传统营销手段、技术与模式的全方位整合，数字平台形成对需求端与供给端的强大控制力与引导力，获得对市场的垄断地位，进而实现从商品资本向货币资本的转变速度提升。

强变现能力也成为当前时代数字平台的一大突出优势。得益于数字平台对社会各方资源的调配，资本运动的总时间不断减少，资本循环与周转速度加快，剩余价值的实现过程得到连续且快速发生。在此基础上，数字平台为了追求更加庞大的价值量，意图不断创新其利润来源，致使资本职能循环在时间上表现出同轨并存的现象（见图4-2）。在数字平台单一运营模式下，三种资本形式循环往复，平台利润主要源于通过商品资本职能获得的实体经济剩余价值分割，以及通过出售广告位获取的广告收益。然而，当数字平台借助于其在市场形成的垄断地位组建起"自营工厂"，形成自营品牌后，其所获得的货币资本可以同时用于转化为生产资本购买生产资料进行自营商品生产，以及用于转化为商品资本进行自营商品推广。在这种模式下，不仅数字平台的三种资本职能形式在时间上呈现出了同轨并存的态势，而且货币资本和商品资本的高占比所昭示的平台经济"要么破产，要么垄断"的极端发展方向，似乎也能够为其自营生产模式进行有效弥补与纠偏。

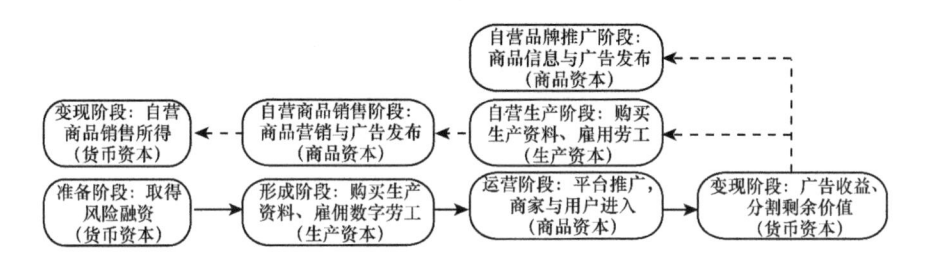

图4-2 数字平台资本运行下的资本职能形式

第五节　本章小结

数字平台具有产业资本与商业资本的双重职能。作为在风险资本投资前提下，将资本、技术与"创意"创新性耦合的产物，数字平台本身依然具有资本的职能形态，成为资本职能的物质化表达形式。一方面，数字平台的整个发展模式中，从数字平台架构到数字平台运营的整个过程内嵌了 G – W（Pm + A）…P…W′ – G′的产业资本循环过程，致使数字平台表现出产业资本的货币资本、生产资本与商品资本三大职能表征。另一方面，数字平台本身所具有的强渗透与吸纳能力使得其构筑起一个有效衔接生产商与消费者的桥梁，商品从生产到消费的全过程呈现出一体化的趋向，数字平台呈现出类似"商人"的中介作用，开始专门化从事数字时代的买卖活动，表现出商业资本职能形式。并且，数字平台吸纳形成的庞大数字零工群体存在，致使其在生产资本层面的生产过程以外包或众包形式实现脱离乃至消失，货币资本与商品资本比例持续攀升，最终结果便是商业资本职能逐渐成为数字平台的主要职能，商业利润成为数字平台的主要利润来源。

第五章

数字平台场域下实体经济发展趋势

第一节 基于马克思生产要素理论的分析

数字平台为实体经济带来了数字化转型机遇与利润不足引致的萎缩困境。一方面，数字平台能够通过作为先进技术与传统生产资料结合，使得生产资料向智能化、数字化方向转型，提升生产过程的人力监管与组织管理效率，并且以众包或外包形式实现企业全职劳动力成本显著下降。另一方面，数字平台在为实体经济发展带来重大机遇的同时，也使得实体经济发展面临趋于萎缩的困境。当数字平台不断呈现出商业资本职能的主导化与专门化地位后，资本循环在流通领域的流通时间持续缩短，资本在生产领域的停留时间又因为生产资料数字化提升与生产者零工化转型而缩短，整个社会生产呈现出"快节奏模式"，社会价值总量不断攀升，经济发展呈现出数字平台主导下、实体经济基础崩塌下的"虚假繁荣"。

第二节　数字平台主宰下的实体经济生产模式转型

关于实体经济，当前国内学术界和理论界主要从与虚拟经济辨析和产业层面划分来进行考察，前者主张实体经济是对立于虚拟经济而言的，后者主要是从产业层面进行划分，狭义上指代制造业，中间意义上指代农业、工业与建筑业以及广义上包含农业、工业、交通通信业、批发和零售业、住宿和餐饮业、文化产业及除金融业、房地产业以外的其他所有服务业。事实上，马克思在对资本循环过程进行考察时，就是围绕实体经济来展开的。在他看来，实体经济是指在价值实体统摄下由劳动者、物质生产资料和科学技术构成的以资本为核心的增殖性经济体系。由此可见，对实体经济的界定并未达成共识，但从中可以窥见其内核与本质，即具备价值实体并进行实体价值创造活动的经济体系。对于数字平台而言，从最普遍的层面来说，它是数字化的基础设施。[1] 它以互联网为技术载体，以数据流量为核心要素，呈现出全场景、全空域、全解码等特征。随着数字平台不断从生活领域向生产领域渗透，整个生产过程都发生了质的转变。一方面，数字平台作为先进生产力加快了生产资料迭代更新，数字化的生产资料极大提升了实体经济生产过程的劳动生产率与组织管理效

---

[1]　[加拿大]尼克·斯尔尼塞克：《平台资本主义》，程水英译，广东人民出版社2018年版，第50页。

率。另一方面，数字平台作为机器的挤出效应与作为交互场域的强吸纳性创造出庞大数字零工市场，采用众包或外包合作形式取代雇佣制，对平台解构后的生产过程进行承接，极大降低了实体经济生产的人力成本。

一 生产资料的数字化转型

生产资料是对生产过程之中劳动对象与劳动资料的总称。在原始社会，由于生产力发展水平落后，人们能够获取的劳动对象十分有限，主要以自然存在的各种物质要素为加工对象，"在工场手工业中以劳动力为起点，在大工业中以劳动资料为起点"[①]。随后伴随社会分工与需求的不断细化，劳动对象的获取方式和范围不断创新，货币、资本、信息等新型要素以及棉纱等中间产品也逐渐成为劳动对象。劳动对象的不断扩大，离不开劳动资料的不断革新。马克思指出，劳动资料是社会生产方式变革的重要起点。劳动资料作为劳动过程中除对象外的一切物质条件，是劳动得以实现的重要基础。在资本主义诞生前期，由于人类劳动能力的有限性，使得劳动资料主要以石器、简单农具、土地等为代表。而到了资本主义时期，受资本追求剩余价值规律的影响，生产工具不断发明创新，对蒸汽的发明应用创造出一系列蒸汽机器。在此影响下，传统手工业形式逐渐为以工业技术为代表的机器大工业所取代，以家庭、土地为场域的手工工场为机器大工业厂房所取代，工厂成为资本主义生产方式的主要生发场地。由此，资本主义的生产资料表现为机械化的生产工具、工厂的生产

[①]《马克思恩格斯文集》第5卷，人民出版社2009年版，第427页。

场域以及自然为主、涵盖社会的多元化劳动对象。

数字平台的出现，使得传统生产资料发生数字化转型。一方面，数字平台的高效性、连通性等优势使其日渐取代机器成为关键性劳动资料。随着新一轮技术革命的持续进行，以互联网为标志的信息革命推动社会发展步入"信息时代"。通过不断对互联网进行迭代更新，具备更强联通性、渗透性与虚拟性的数字技术应运而生。在数字技术推动下，以云计算、大数据和互联网为基础的数字平台成为生产领域的主流工具。数字平台通过大数据分析技术将原有的社会生产过程和场景进行解码，并通过互联网络进行重组与耦合，打造出一个与现实场景完全相同但附加功能更加多元的虚拟空间，从而实现对传统生产时空领域的无限延伸。进一步地，借助大数据和云计算的强分析和处理能力，数字平台将传统实体经济的线下生产过程全面解码成为一个个独立的"模块"，通过平台空间以任务形式分包给"独立承包商"，并全方位监控其在虚拟空间内的动向，实现了传统制造业生产过程的时空超越。当各个模块的生产任务完成后，制造业便可通过数字平台的整合功能进行"串联"，有效避免传统流水线模式下的生产低效性和非连贯性。另一方面，数字平台的出现使得数据逐渐成为当前时代的核心劳动对象。自2008年国际金融危机爆发以来，技术发展持续跃升，人工智能的广泛运用使得传统劳动过程转化为数据的技术成本显著降低，数据成为生产领域的核心资料与表现形式。[①]凭借数字平台的强解码能力，所有平台上的活动都能转

---

① 王文泽：《人工智能与资本主义生产方式的变迁》，《国外理论动态》2022年第6期。

化为二进制代码以数据形式进行存储,通过对数据进行分析能够实现预测行业发展趋势、调整生产模式与运营决策等。当数据达到一定规模后,还会呈现出显著的规模效应与"自我增值"。平台以及附着其上的组织机构、企业与个人都将从中获取收益,通过加工数据创造数字产品、多次出售数据库等方式不断创新收益来源。由此,在数字平台作用下,生产资料已实现从机器向数字、从自然原料向数据要素的数字化转型。

二 生产者的零工化转型

在传统机器大工业时代,生产者主要以雇佣工人身份存在。雇佣工人的出现是时代发展的必然结果。随着社会分工的不断进行,劳动呈现出异化状态,私有制得以出现。在此基础上,大量劳动者成为一无所有的自由劳动力,而货币所有者成为占据生产资料的资本家。对此,劳动者想要维生、资本家想要获利,就必须生产。而"凡要进行生产,它们就必须结合起来"[①]。由此,作为资本主义生产方式基础的雇佣劳动便作为社会发展的必然产物出现,并成为资本主义的生产方式。对于雇佣工人而言,其生产过程也就包含为自己生产物质资料的必要劳动,以及为资本家创造剩余价值的剩余劳动两方面。现实情况下,资本家追求利润最大化,总在不断压榨工人的剩余劳动,其结果便是工人的日益贫困。在资本增殖的本性驱使下,工人被困于暗无天日、空气恶劣的厂房中,作为生产零部件日复一日地从事着机械化的单一工作,其呼吸新鲜空气、接触阳光乃至吃饭时

---

① [德]马克思:《资本论》第2卷,人民出版社2018年版,第44页。

间也都被压缩侵占,以致"只要肉体的强制或其他强制一停止,工人就会像逃避瘟疫那样逃避劳动"①。可见,在资本主义机器大工业中,商品的生产过程总是伴随着工人的痛苦和资本家的欢愉。在这种生产模式下,"一切提高社会劳动生产力的方法都是靠牺牲工人个人来实现的;一切发展生产的手段都转变为统治和剥削生产者的手段"②。

数字平台作为新型技术在推动劳动资料变革的同时,还创造出"数字零工"新型生产者。马克思指出,机器对劳动者有着明显的挤出效应,从而创造出大量相对过剩人口并使其沦为产业后备军。而在数字平台强吸纳性与连通性作用下,大量相对过剩人口向"数字零工"转变。数字零工具有非正式性、临时性和零散性等特征。相比于传统雇佣劳动模式,劳动者与资本之间达成长期的雇佣关系,在企业和工厂内接受集中化管理和劳作。而在平台作用下,工人与资本的结合可以有效突破企业和工厂的界限,并且以相对自由和独立的身份与任务需求方缔结临时工作协议,这种转变使双方从正式雇佣关系向非正式合作关系转型,劳动者也从传统"他者雇佣"向"自我雇佣"转变。关于"数字零工",其具体包含零工化传统工作与"幽灵工作"两种模式。③前者是数字平台作用下的传统工作组织方式和流程变化,如外卖送餐由电话订餐向线上订餐转型等,而后者则是资本家为完善人工智能,要求软件工程师发布大量诸如信息标注等"微任务",零

---

① [德]马克思:《1844年经济学哲学手稿》,人民出版社2018年版,第50页。
② 《马克思恩格斯文集》第5卷,人民出版社2009年版,第743页。
③ Jamie Woodcock, "The Algorithmic Panopticon at Deliveroo: Measurement, Precarity, and the Illusion of Control", *Ephemera: Theory & Politics in Organizations*, Vol. 20, No. 3, January 2020, pp. 67–95.

工通过 API 接受、完成指令，进而获得人工智能后台自动结算的任务。[①] 由于这一过程自始至终都在虚拟化场域进行，无法感知，因而被称为"幽灵工作"。无论何种工作形式，都在极大程度上改变了实体经济生产过程。通过数字平台，实体经济中的劳动者从雇佣工人转变为全社会范围内的自由零工，流水线分工形式被"任务集"众包或外包形式取代，劳动力成本显著下降。由于非正式合作关系的存在，零工与资本之间不再具备法律雇佣关系，因此资本无须负担雇佣劳动下的员工福利和保险费用，资本责任就此消弭。"自我雇佣"下工作的不稳定性，与平台总体吸纳下的低准入性，不断挫伤零工的议价能力，加剧着零工的"自我竞争"与"赶工游戏"。[②] 伴随而来的却是实体经济生产过程预付资本持续下降，分工协作趋于精细，生产过程始终连贯，劳动生产率高度提升。

第三节　数字平台主宰下的实体经济利润趋势

数字平台作为数字时代的先进技术与资本运行载体，在履行产业资本职能时能够极大地推动实体经济生产模式转型。随着劳动生产率不断提高，资本的有机构成随之提升，整个社会剩余价值总量获得了提升。但随着数字平台的商业资本职能不断显现与

[①] ［美］玛丽·L. 格雷、西达尔特·苏里：《销声匿迹：数字化工作的真正未来》，左安浦译，上海人民出版社 2020 年版，第 12 页。

[②] 邱海平、曾悦梅：《零工劳动与当代资本主义生产方式——劳动力商品化理论视角》，《政治经济学评论》2023 年第 5 期。

强化，在商业资本不断积累过程中，商业利润作为对产业资本利润的分割产物，其分割比例持续加重，随之而来的是，产业利润下降，实体经济的再生产与扩大再生产过程受阻，表现出生产萎缩甚至实体破产趋势。

一　技术赋能社会剩余价值总量提升

技术进步能通过提高资本有机构成进而提升社会价值总量。关于技术与社会经济发展之间的关系，马克思指出，在资本积累和增值过程中，伴随技术进步，资本有机构成会不断提升，从而使得整个社会利润普遍增加。具体的作用机理是：通过改变资本技术构成进而影响资本的价值构成来实现的。在机器大工业时代，资本构成包含了物质和价值两种形式，其中物质形式主要表现为资本家用预付资本购买的一定数量的生产资料，以及为加工改造这部分资料而需要雇佣的劳动力，两者之间的比例被称为资本的技术构成。与之相对，劳动力与生产资料作为资本家购买而来的商品，本身具有价值和使用价值二重属性，通过对两者的加工改造与使用，资本家将其中所蕴含的价值全部转移到商品之中。通过对两者在新商品价值生产中的作用加以区分，又可以将劳动力和生产资料划分为：只等量转移价值，以机器、原材料等生产资料为代表的不变资本，记为 c；以及在商品生产过程中，能够创造出新价值、以劳动力为主的可变资本 v。进一步地，"由资本技术构成决定并且反映这种技术构成的资本价值构成，叫做资本的有机构成"[①]。马克思用公式将其表达为 c/v。按照马克思

---

① [德]马克思：《资本论》第3卷，人民出版社2018年版，第163页。

的逻辑，在资本主义生产方式对剩余价值的无限追求作用下，资本家致力于创造增加剩余价值的方式，即通过直接延长工作日获取绝对剩余价值和缩短社会必要劳动时间获得相对剩余价值，前者容易引发工人的斗争与反抗，后者则需要想方设法提高劳动生产率。因此，资本家加大对机器、设备的研发与投入，致使 c_1 的比重不断上升，伴随机器大量投入而来的便是劳动力需求的减少，从而引发"机器排挤人"现象。由此导致在生产过程中，资本有机构成呈现出不断提升趋势，从而使得剩余价值与剩余产品数量提升，社会价值总量实现有效积累与增加。

自数字平台生成以来，其在实体经济生产过程中的影响和作用不断提升。作为一种数字时代的先进生产力，平台的发展能够通过影响实体经济具体劳动过程中的劳动资料与劳动者，从而对资本主义生产方式进行根本性颠覆。一方面，数字平台作为先进生产资料，将原有生产过程的范围从工厂扩展到社会生活，使得生产过程实现从单一流水线向多维流水线转型，劳动生产率实现提升，并且依托于数字平台的数据收集与分析功能，生产商能够有效感知市场价格变动，从而通过比价，获取更低廉的原材料。由此，相比于传统机器大工业时代的实体经济生产过程，在数字平台作用下的实体经济生产商对于先进技术具有更强的用户黏性与接受度，对于生产资料 c_1 的投入比重不断提升，先进技术的运用也意味着生产规模的大幅提升，原材料 c_2 的采购量随之呈现增长态势。另一方面，在数字平台作用下，传统生产过程被进一步解码，成为一个个独立的"任务包"，依托于数字平台的强整合性，这些"任务包"能够被多个"承包商"承包进行独立作业。为了使这一过程能够有效进行，生产商需要在劳动力市场上寻求到足够数量的"独立承包商"。早在机器大工业时代，马克思就揭示了机器与工人之间的对立统一关系，"尽管机器生产实际地排挤和潜在地代替了大量工人，但随着机器生产本身的发展（这种发展表现为同种工厂数目的增多或现有工厂规模的扩大），工厂工人的人数最终可以比被他们排挤的工场手工业工人或手工业工人的人数多"①。与数字平台不断在生产过程中排挤工人伴生的，是生产规模与社会需求不断提升，平台总体吸纳作用下创造出的数量庞大的"产业后备军"——数字零工。数字零工凭借灵活的就业方式和非正式的雇佣关系，逐渐取代全职劳动成为生产领域的重要劳动力。在数字平台的"牵线搭桥"下，数字零工通过众包或外包的方式成为实体经济生产商苦苦寻觅的"独立承包商"，双方缔结短期合作关系，任务完成后钱货两讫，相较于全职雇佣工人，其工资水平更低，生产商所需投入的可变资本 v 显著下降。可见，在数字平台的影响下，产业资本家（生产商）的 c_1 与 c_2 投入比重上升，v 的投入比重通过零工显著下降，资本有机构成获得有效提升。资本获得更大程度与范围内的积累，剩余价值量与社会价值总量随之呈现显著增长态势。

二 主宰价值分割引致实体经济萎缩

在数字平台不断履行其作为产业资本的类似职能作用下，作为实体经济的生产商利用数字平台不断实现生产过程的数字化转型，通过提升资本有机构成来不断增加社会价值总量。一方面，生产商运用数字工业平台提升机器智能化水平，有效提

---

① ［德］马克思：《资本论》第 1 卷，人民出版社 2018 年版，第 517 页。

升生产过程全要素生产率,并且借助于数字平台的强渗透性打造"数字管理者",实现对管理运营成本的降低与行政效率的提升。另一方面,依托于数字平台的强信息整合能力与分析能力,生产商能够及时把握市场的价格变动与供求信息,进而实现对生产过程的精准难点与痛点指向性爆破,有效规避生产过剩,降低生产风险。[①]

由于数字平台自身所具有的虚拟性和集中性等特质,其在履行资本职能时又会加剧实体经济内部生产的行业垄断,并形成对实体经济流通领域的"挤出式垄断"。在马克思看来,"竞争迫使资本家不断扩大自己的资本来维持自己的资本,而他扩大资本只能靠累进的积累"[②]。然而,这一切只不过是个别资本家为了维持自己的实力,避免被对手打败或吞并的手段。因此,为了获取更多剩余价值,个别生产商或称为产业资本家,通过数字平台实现对劳动者的全面监控与隐性剥削,实现劳动生产率提升;通过数字零工的众包与外包灵活用工形式,降低生产和用工成本,规避社会责任,变相延长价值增殖过程。在此基础上,它再借助所占据的庞大绝对剩余价值,打造覆盖全社会、渗透各行业的数字平台生态圈。[③] 在数字平台生态圈中,个别生产商凭借强势地位强占数字资源、实行平台垄断、压低商品价格、破坏市场竞争,进而逼迫其他生产商依附于自身或被直接吞并,形成企业甚至行业垄断。此外,在数字平台不断履行资本职能的同时,又会形成平

[①] 韩文龙、晏宇翔、张瑞生:《推动数字经济与实体经济融合发展研究》,《政治经济学评论》2023年第3期。

[②] [德]马克思:《资本论》第1卷,人民出版社2018年版,第683页。

[③] 徐景一:《马克思资本积累理论视角下的西方数字资本主义批判》,《马克思主义研究》2022年第11期。

台经济对实体经济在流通领域的"挤出式垄断"。随着数字平台生态圈的形成，大量用户被平台吸纳成为活跃的参与主体，其全部的生产与生活过程都被平台解码成为"数据流"。当强大的数据优势与资本权力耦合后，数字开始具备资本化的形态，并开始呈现出资本数字化的扩张与增值路径。数字平台作为资本数字化扩张的主要手段，通过"雇佣"大量具备灵活性的数字零工，组建起一支具备强流通性与实时交互性的"数字商人"队伍，专门化从事商品配送与服务供给工作，抢占零售与流通市场份额，迫使大量线下零售店面濒临破产（见图5-1）。

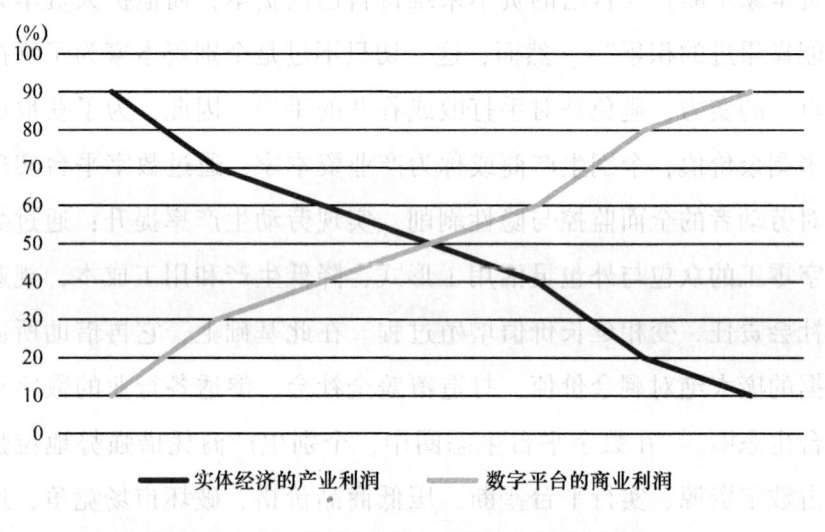

图 5-1 平台分割实体经济产业利润的发展趋势

当数字平台不断独立和壮大自身的商业资本职能后，会通过主宰分配规则压缩实体经济的利润构成，致使实体经济生产规模萎缩。借助于数字平台的"商人队伍"，数字平台的商业资本职能得到极速独立与壮大，逐渐形成对全部流通领域的完全垄断地位，强流通使得资本的周转周期显著缩短，资本的流通速度显著加快，从而持续实现剩余价值，剩余价值量的积累效率显著提升。假定 m′ = 200%，在平台运营投入与零工用工模式下，社会预付的总产业资本 = 900c + 100v = 1000 镑，此时商品资本 W = 900c + 100v + 200m = 1200 镑，总资本的平均利润率为 20%，当此时平台投入 100 镑的商业资本后，其占比为 1/10，所得利润为 20 镑，平均利润率下降为 18.2%。长此以往，随着商业资本占比的不断提高，商业利润量将获得持续提升。在此基础上，数字平台背后的商业资本开始无所顾忌地展露其逐利本性，意图主导对社会价值的分配。相较于工业资本主义时代，商业资本作为资本主义生产方式的一部分，数字平台作用下的商业资本逐渐脱离生产方式，呈现出典型的侵占态势。在数字平台强力渗透下，传统实体经济的生产过程对平台的依附态势不断加强，甚至在当前数字平台的精准分析下，生产过程呈现出产销一体化趋势，生产规模与数量完全遵照平台的需求数据分析与预测，并且实体经济的流通领域在平台的商业资本"挤出式垄断"影响下，呈现出线下向线上的大幅转变。商业资本的权利通过数字平台及其算法实现集中强化，由此商业资本不断提高实体经济的商家抽成与平台租金，不断分割实体经济的产业利润。即通过权利话语强制要求利润为 120 镑，此时，虽然商业资本占比仍为 10%，但是其占有的利润占比为 60%，商业资本利润率则从 20% 提升到 120%；而此时，实体经济分得的产业利润仅 80 镑，完全不足以补偿生产商所预付的 100 镑不变资本，社会再生产必然受到阻碍而无法进行，实体企业缩小生产规模乃至破产成为必然。

第四节　本章小结

在数字平台的二重资本职能影响下，作为现实生产主体的实体经济也受到了极大影响。数字平台作为数字化先进技术，其所具有的各种强包容、连通性等特征，能够在极大程度上改变实体经济的生产组织形式。它不仅能够通过联合传统生产资料来提升生产效率，还能够通过其机器挤出和替代效应，为生产部门提供更加庞大、低廉的产业后备军。然而，数字平台终不满足于作为技术而存在，在资本增殖逻辑的渗透和影响下，数字平台已然发展成为一种新型商业模式，开始在市场中参与竞争，并逐渐争夺利润分配主导权，这也为实体经济发展带来了诸多问题，特别是利润不足引致的萎缩困境。数字平台所具有的强联通、广覆盖和智能化特征，使其成为现阶段生产、流通、交换、消费的主流中介。在这一过程中，平台进一步构建起一个庞大的商业生态圈，实现对全过程的监控。在这一场域中，平台不生产商品，而只协助销售商品。伴随着商品数量增加，销售需求增加，其商业资本职能持续加强。对于实体经济而言，意味着资本循环在流通领域的流通时间持续缩短，商品生产速度加快，社会利润总量提升。然而，数字平台作为"商人"，同样追求利润，其利润源于对实体经济生产的社会总利润的分割。伴随着平台分配话语权的加强，其结果必将是实体经济利润的萎缩。

第六章

数字平台场域下生产结构变迁趋势

第一节 基于马克思生产劳动理论的分析

在数字技术不断革新、生产力不断发展的过程中，数字资本的增殖场域随之发展。数字平台作为资本增殖的数字化路径应运而生，在此基础上推动着作为价值源泉的劳动转型——数字零工得以生成。从当前数字零工的具体职业类型来看，主要包含交通出行、共享住宿、外卖服务、网络直播、专业技能服务、内容创作、知识付费和其他领域七类。以平台这一物化场域的职能形式为对象，得以透视其作为增殖新场域的二重资本职能，即产业资本职能与商业资本职能的二元辩证统一。以此为基础，进一步对附着其上的零工劳动加以解构，是三类数字零工在劳资交换上的极大革新。

第二节　直接生产劳动的模块化：
　　　　生产性数字零工

数字零工日益成为数字劳动生产过程中的新生替代选择。早在工业资本主义时期，马克思就指出，随着机器大工业的不断发展，资本家想要持续保有竞争优势，获得超额剩余价值，就必须不断加大对技术的投入成本，提高资本技术构成比重。数字时代，以数字平台、人工智能、大数据等为代表的数字技术日益成为科技创新下的新质生产力。随之而来的，便是数字劳动取代工业生产的新型劳动形式。福克斯指出，数字劳动是"人们借助信息技术为终端通过大脑等工具，根据自身的经历和不同人的分工对信息进行加工创造"[1]的过程。由于数字劳动以数据为劳动对象，以数字技术为劳动工具。因此，数字劳动以劳动者的数字能力为唯一标准进行分工。同时，得益于"机器挤出效应"的持续进行，大量的零工群体为数字劳动创造了充足的产业后备军。为了有效降低劳动力成本投入，"许多公司不到万不得已，不会选择雇佣全职员工"[2]。加之，数字平台所打造出的实时交互场域，使得劳动不再受制于传统工厂和流水线的限制，劳动过程可以被解构为多个数字化模块，由多个主体同步进行，最终用"数字链条"加以整合。因此，"在线外包"形式以及"众包"等形式成

---

[1] Fuchs, C., *Digital Labour and Karl Marx*, New York: Routledge, 2014, p.254.
[2] [美]戴安娜·马尔卡希：《零工经济：推动社会变革的引擎》，陈桂芳译，中信出版社2017年版，第Ⅶ页。

为当前数字化生产的重要模块。

具备高数字能力的生产性数字零工是"众包"生产模块的劳动主体。"众包"劳动主要是指通过数字平台利用人群（作为外部资源）完成本应由员工或承包商内部执行的任务，是在线外包或数字劳动平台的一种形式。[①] 具体而言，就是平台或企业等需求方在线发布包括设计、项目管理等高技能领域的任务，零工接单完成后获得佣金的一种劳动形式。对于这类劳动而言，需要承包商具有极高的技能水平和专业素养，并且本身在工作上相对灵活。高技能的数字零工便是不二人选。一方面，高技能数字零工自付教育和培训成本，能够有效降低需求方人力成本。需求方仅需将业务内容、完成时间、任务佣金通过平台发布，零工凭借自身意愿接单，在规定时间内提交成品，需求方仅需根据产品质量即付即结。另一方面，高技能数字零工所具有的高数字技能，能够完美契合用工方任务要求，而零工本身对经济效益的低欲望和对任务难度的高追求，使得双方总是能够通过平台的精准分析得到高效满足，完美的"合作关系"得以建立并持续发生。

生产性数字零工的工作实质上是为产业资本家创造剩余价值的模块化过程。数字零工的一大突出特点就在于其"去雇佣化"。零工与用工方之间是"劳务合作"的关系，零工根据自身兴趣和意愿自愿"接单"，接单后与用工方达成短期"劳务合作"，任务完成即宣布关系结束，不存在雇佣。但实际上，当对零工任务完

[①] 赵秀丽、王生升、方敏：《数字平台中资本与劳动的多样化关系解构分析》，《经济学家》2022年第10期。

成过程加以细致考察，便会发现"去雇佣化"背后实质是用工方作为产业资本家对零工的雇佣关系与剥削。作为一个生产性过程，数字零工按照兴趣选择用工方在规定时间内让渡自身劳动力的使用权，为其完成任务（生产中间产品），换取特定条件下劳动力价值的表现形式——佣金。因此，作为零工劳动产物的中间产品，必然包含劳动者自费投入的劳动资料价值、需求方预付的佣金价值以及零工创造出的新价值。因而，零工与用工方之间的"劳务合作"实质上仍是一种雇佣关系，用工方实质上是产业资本家。进一步地，用工方占有中间产品，通过"数字链条"串联进最终商品的生产过程之中，用于获得剩余价值。因此，零工中间产品的价值便被转化成了最终商品剩余价值的一部分。并且，数字平台在这一过程中还利用其评估机制、算法监测等功能，与资本家一同对劳动力的在线劳动过程加以监控。换言之，"众包"生产模块的背后，是产业资本家借助用工方外表隐形剥削零工的罪恶面相，是数字平台作为利用市场中介和"影子雇主"的双重身份对劳动—资本关系的重新洗牌，高技能零工依旧没有逃离作为雇佣工人被剥削的宿命。外在自由自觉的背后，是产业资本家借助于数字平台以分摊成本的佣金形式，在降低雇佣劳动生产过程的劳动力成本的同时，强化对整个零工群体的剥削广度。

第三节　运输业劳动的生产延伸：
　　　　运输性数字零工

除了被内嵌于数字生产过程之中的数字零工，还有被内嵌于运输过程的、属于生产过程延伸的数字零工才是数字时代的"零工经济"主体。来自中国的调查数据表明，截至2021年底，中国灵活就业人员已经达到2亿人左右，其中外卖骑手达千万人规模，单个平台企业的外卖骑手达600多万人。[①] 对于这些零工而言，其具体工作形式表现为基于平台的"外包型"服务，这类服务技能水平低，主要存在于如交通出行、快递服务等。从生产形式来看，这些工作承担着与运输业相同的职能属性，其工作会引发商品在物理位置上的移动。因而与传统运输业相同，表现为生产过程在流通领域的延伸和继续。那么，这种新型运输方式是如何影响商品价值的？

从当前运输性数字零工的职能分布来看，主要涉及交通出行、商品配送两方面。前者的工作形式是消费者通过网约车平台线上发布出行订单，平台线上向一定距离范围内的零工车主发布订单，车主根据自身情况接单，从而完成配送服务，最终获取订单。后者则是由商家或用户通过平台发布商品配送订单，具备配送资质的零工根据自身情况接单，完成配送订单后获取表现为运输工人工资的佣金。我们进一步对这一零工工作模式下的主体关系加以分析。平台企业自始至终并未参与商品生产的过程，只是作为中介提供商品交换的场所。商家作为商品生产者在线上平台与消费者签订买卖订单，为了最快完成商品在空间位置上的移动，通过专门化的平台中介发布运输需求。随后，作为运输工人的零工承接业务，在规定时间内完成商品配送和运输服务提供，从而为商

[①] 暨南大学经济与社会研究院、智联招聘：《2023中国新型灵活就业报告》，2023年9月14日，https://smelgjj.ca-sme.org/news/detail/11/，2024年3月16日。

品附加上一个新的价值，这一新价值在商品配送业务中表现为配送费，在运输服务提供中表现为车主佣金。最终订单完成后，业务所得的全部资金将根据商家、平台与运输性零工在订单中的贡献程度按比例进行分配。因此，线上商品的价格表现为商品生产价格、平台利润和零工运输工资三部分，价值则包含着商家生产商品的预付资本、零工的配送劳动、平台的技术转移三部分。

在数字时代，运输业劳动的一般规律依然持续影响着运输性零工。随着数字技术在交通运输行业的不断运用，具备更加低廉成本的共享性运输工具有效提高了运输生产力。在各种电动车、汽车租赁服务的影响下，运输性零工的配送成本显著降低，从而导致追加到单个商品上的运输价值量显著下降。与此同时，由于工具获取的便捷化以及运输劳动的简易化，大量相对过剩人口涌入零工行业，行业竞争的激烈开展催生出了"闯关机制"。在"闯关机制"的影响下，运输性零工为提升自身的身份等级，获取更多订单，不断提升自身的劳动强度，延长劳动时间，进而陷入"多劳多得，多得多劳"的持续循环之中。然而，由于数字技术的渗透，在大数据的精准匹配下，运输性零工的运输服务被进一步表现为区域限制性。根据配送距离的长短，商家与用户被进一步限制，从而仅能获得当前范围内的商品与服务，提供当前范围内的运输业务。运输距离的限制致使运输性零工的劳动价值量被进一步限制，并以最大配送距离为界向内逐步缩减。理论上，对于仅提供运输性服务的零工而言，根据大数据规划的路线与预估价格，其有权选择是否接单，从而在一定程度内具备自身价值的决定权。实际情况却是，在激烈的同行竞争中，这一决定权往往会在"自动接单"的功能按钮开启下转瞬即逝。进一步地，当运输性零工接单后，大数据技术的积极作用还将持续生效，通过与 GPS 技术联合，大数据通过精准预测与分析，为零工规划出最快路线，从而进一步降低零工的运输距离，降低零工的运输劳动价值。值得注意的是，在"闯关机制"的影响下，零工有时也会自发性地探索"最佳路线"。

除了"闯关机制"外，零工的运输劳动价值还受到其运输劳动质量的影响。从商品配送来看，运输性零工的佣金会因为订单超时、零工态度等因素被扣除。从运输服务来看，其佣金会因为环境不整洁、司机态度不友好等因素被处罚。可见，有别于传统运输工人，运输性数字零工处境变得更为艰难，不仅受制于运输业劳动一般规律的影响，还受制于服务业的评价机制影响。对于数字时代的运输性零工而言，生产力发展引发的劳动价值下降无法避免，运输距离的区域限制与运输路线的最优选择无法改变。与此同时，当全程透明、实时监控和好评优先成为其"劳动特色"后，要么算法、要么乌有成了零工面临的两难抉择。①

第四节　非生产劳动的价值实现与分割：非生产性数字零工

非生产性劳动的数字零工充当着如流通领域商业工人般的剩

---

① 吴静：《总体吸纳：平台资本主义剥削的新特征》，《国外理论动态》2022 年第 1 期。

余价值实现与分割角色。以依托于网店兴起的客服为例来进行分析，会发现这部分零工起着剩余价值实现与分割的作用。对于网店店主而言，作为零售商，其本质目的在于推动商品销售从而获得商品利润，这一点与马克思所考察的商业资本家相同——店家通过向产业资本家以低于商品价值的价格购买商品，通过以高于商品进价的价格出售商品，分割由产业资本家让渡给其的剩余价值。然而，商品的销售并不如想象中的那么顺利。随着数字平台不断联通世界市场，多元化的商品不断刺激和影响着消费者的欲望和选择。拼多多、淘宝等电商平台的兴起，使得消费者开始货比三家，关注起商品性价比、发货速度、商品服务态度等因素。由此导致商家之间的竞争越发激烈，为了能够以最低成本提升产品销量，商家开始选择与数字零工合作，"雇佣"专门化客服人员与促销推广人员，通过实施计时或计件工资制，让数字零工帮助他进行商品推销，提升店铺关注度。

非生产性数字零工作为新型"商业工人"，还承担着剩余价值实现的职能。随着商品销售额不断提升，商家利润获得持续增长，隐藏在幕后的平台也逐渐按捺不住其追求剩余价值的野心。在以各种评价指标衡量店铺星级从而实施阶梯租金的基础上，数字平台为进一步分割利润，打造网络视频创作和分享平台，通过直播、短视频创作等方式培育头部主播，借由头部主播的庞大流量来吸引商家推广，并根据销售额为主播返佣。在这一模式下平台通过主播流量变现、直播打赏情况从中抽成，其背后实质上是平台通过主播对商家所分割的产业资本家剩余价值的再分割。零工作为其中的中介工具，俨然成为隐蔽的剩余价值分割者。

第五节 平台场域下的生产结构
变迁表现与动因

数字零工所表现出的强包容与低准入，为社会就业提供了全新的选择。从生产到流通的三类零工出现，极大地吸纳了社会的相对过剩人口。然而，随着数字零工的不断发展，大量数字零工的出现极大程度地改变了社会生产结构。一方面，直接生产劳动力向数字零工流动，生产性零工、运输性零工与非生产性零工在社会就业结构中的占比不断提高。另一方面，伴随着数字技术不断发展，生产性零工对数字能力的高要求，致使越来越多的劳动力向运输性与非生产性零工迁移。这一社会生产结构变迁，从表面上看，是由于数字零工的出现，然而一旦深入其内部，便会发现其产生动因是资本对于剩余价值的无尽追逐。

一 生产结构变迁表现

传统生产结构表现为直接生产过程的雇佣劳动主体地位。从马克思对于生产劳动的考察可以发现，早在资本主义机器大工业时代，便已然存在以雇佣劳动为特征的直接生产劳动，以商品配送为特征的运输劳动，以及以加速商品流通与销售的非生产性劳动。除此之外，随着机器大工业的不断发展，在机器挤出效应不断创造相对过剩人口的进程中，也创造出了以短期劳动为特征的零工群体，马克思称其为"产业后备军"。然而，由于资本主义生产方式集中表现为雇佣劳动形式的直接生产劳动，以致其在社会生产结构中居于主导地位,而包括运输、非生产与零工等形式在内的劳动,只能沦为直接生产劳动附庸,在生产结构中占据着极低的份额。但随着数字化技术的出现,数字经济不断发展,社会生产结构呈现出两大变化趋势(见图6-1)。

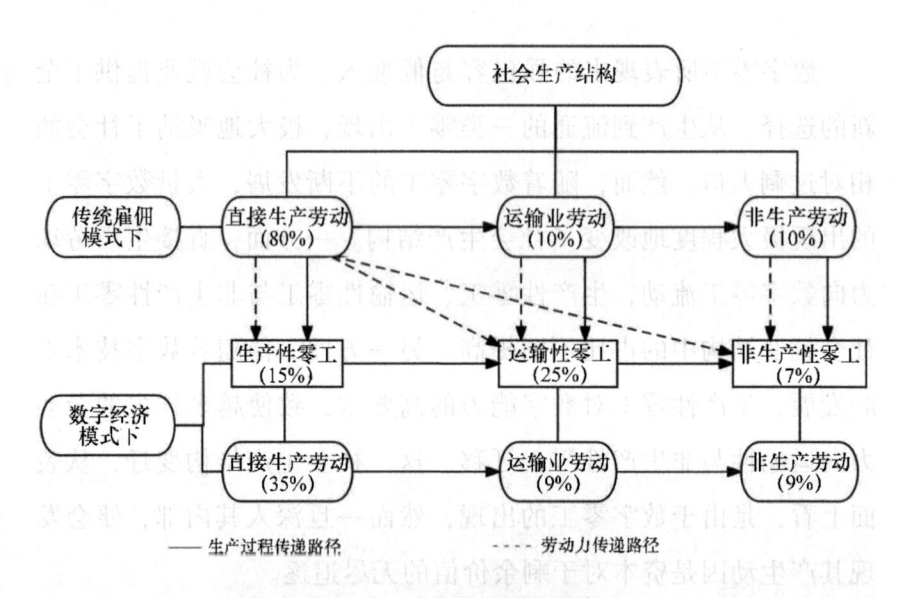

图 6-1　生产结构变迁示意

传统的劳动力雇佣化向零工化变迁趋势明显。从三类零工的职能形式来看,其与传统生产过程呈现出鲜明的对应关系。生产性零工主要从事直接生产过程的外包,模块化生产商品的使用价值,并最终串联于整个商品生产过程,通过流通与消费转化为价值。运输性零工的职能是根据消费者与生产商之间达成的订单,对生产出的商品或服务进行配送,这一点与传统运输劳动的流通中介相同,作用是为了改变商品的空间位置。对于非生产性零工而言,从本质来看,其作用仍旧表现为传统生产方式下的商品在流通领域的消费促进作用。但由于受到数字平台的影响，其分布领域从传统金融、房地产等行业向直播、电商等行业扩张，劳动形式从实体销售、推广向线上直播带货、电商推广等形式转变。相较于传统的雇佣劳动形式，数字零工的非雇佣制劳资关系与泰勒制工资制，意味着其工资成本更低、责任约束更少。因此，对于企业而言，"不到万不得已，不会使用全职员工"[①]。原本社会生产结构呈现出的80%直接生产劳动，10%的运输性劳动与10%的非生产性劳动比例结构，由于零工出现，大量劳动需求向零工流动，致使生产结构占比变化为35%的直接生产劳动与15%的生产性零工、9%的运输业劳动与25%的运输性零工，以及9%的非生产劳动与7%的非生产性零工。可见，全职雇工正在逐步向零工变迁。

直接生产劳动为主的生产结构日益向运输性与非生产性劳动并重变迁。一方面，随着数字技术的不断革新，劳动生产率获得持续提升，技术对劳动力的挤出效应持续加剧，直接生产过程的劳动力大量流失，在此情况下，为了谋求生计，劳动者只能被迫向运输业劳动、非生产劳动变迁。另一方面，由于生产劳动对数字能力要求不断提升，大量零工向运输性与非生产性领域变迁。对于生产性数字零工而言，想要与直接生产劳动者同台竞争，就必须加大自身技能学习投入，这对于以计件或计时工资谋生的他们而言，意味着巨大的成本与风险。因此，放弃生产性零工身份，转而成为运输性或非生产性零工便成了

---

① 吴静：《总体吸纳：平台资本主义剥削的新特征》，《国外理论动态》2022年第1期。

最稳妥的选择。在机器挤出与生活需要的双重压力影响下，运输业劳动与非生产性领域的零工与雇工比例显著提升，在生产结构中的占比从传统模式下的10%，逐步提升至34%与16%。可见，原本直接生产占主体的生产结构，正在逐步向运输性、非生产性并重的结构变迁。

二 生产结构变迁动因

从表面看，社会生产结构的变迁是由于数字零工的大量出现。因此，要想充分探清社会生产方式变迁的根源，就必须深入内部，探明造成数字零工大量出现的诱因。事实上，作为一种生产方式，其以生成离不开作为生产方式技术形式的生产力变革，更离不开作为生产方式社会关系的生产关系变革。对于数字零工而言，以平台为代表的生产力变革为其提供了生成基础，而以资本追求剩余价值为代表的生产关系则是其得以进一步大量生成，不断发展，从而造成社会生产结构变迁的关键动因。

从外部形式看，数字技术的出现是推动数字零工生成的重要力量。一方面，劳动者的生产工具从手和脑转向手机和电脑等数字化设备，生产空间从工厂向社会扩展，网络写手、短视频博主等兴趣创作型职业开始兴起；另一方面，在数字技术的强信息收集、整合能力影响下，社会需求全面释放，代购、外卖、同城配送等需求服务型职业大量涌现，从事运输与非生产的劳动者日渐增多。在此背景下，由平台与零工结合生成的数字零工，日渐成为社会劳动的重要形式。并且，在零工自由、灵活特性基础上，数字零工具备更强开放性和包容性，能够充分吸纳社会相对过剩人口。当前"数字零工"的具体职业类型，主要包含交通出行、共享住宿、外卖服务、网络直播、专业技能服务、内容创作、知识付费和其他领域等。可见，在数字平台不断推进全球劳动市场过程中，也直接降低了数字零工的市场准入门槛，无论学历高低和能力高低，只要能够使用电脑、手机等数字设备，都能够成为视频创作、快递、外卖等新型数字零工职业中的一员。

从内部动因来看，资本对剩余价值的追求才是数字零工出现的关键动因。进一步以劳动价值论为根基，以剩余价值为准线对其进行划分，可以将其区分为以专业技能服务、内容创作、知识付费为代表的生产性零工，以交通出行、外卖服务等为代表的运输性零工和以网络直播为代表的非生产性零工。生产性数字零工的出现不仅直接拓展了剩余价值的生产方式与渠道，还降低了传统价值创造过程中的可变资本成本，从而实现了剩余价值在量上的激增；运输性零工的出现是最直接的对传统运输业的革命性颠覆，运输业在劳动资料向数字化转型，在劳动力上向低人力成本跃进，生产方式获得持续优化，运输效率显著提升，由此虽然使其单个商品的价值附加值下降，但却实现了对更为持续、大量的剩余价值创造过程的延伸；对于非生产性零工而言，流通领域是其主要分布圈，依托于数字化的促销与零售模式，商品销售实现了"从田地到饭桌""供需精准匹配"等方面的飞跃，流通环节的时间周期缩短、流通成本降低，剩余价值的实现以更为迅速和高效的方式进行着。数字零工在剩余价值生产与实现方面呈现出的低成本、高效率，对于追求剩余价值的资本家而言，是以最低成本实现最高生产效率的重要路径。因此，随着资本攫取剩余价值的需要，在技术不断革新、赋能的影响下，数字零工开始蓬勃兴起，逐渐对社会生产结构产生影响。

第六节 本章小结

在数字平台的影响下，三类数字零工的出现，是对财富创造与生产结构两方面的极大革新。在财富创造方面，生产性数字零工的出现不仅直接拓展了剩余价值的生产方式与渠道，还降低了传统价值创造过程中的可变资本成本，从而实现了剩余价值在量上的激增；运输性零工的出现是对传统运输业的革命性颠覆，运输业在劳动资料向数字化转型，在劳动力上向低人力成本跃进，生产方式获得持续优化，运输效率显著提升，由此虽然使其单个商品的价值附加值下降，但却实现了对更为持续、大量的剩余价值创造过程的延伸；对于非生产性零工而言，流通领域是其主要分布圈，依托于数字化的促销与零售模式，商品销售实现了"从田地到饭桌""供需精准匹配"等方面的飞跃，流通环节的时间周期缩短、流通成本降低，剩余价值的实现以更为迅速和高效的方式进行着。与此同时，三类零工的出现不断冲击着传统生产结构，自由、灵活的数字零工日渐成为青年群体的主要职业形态或优先副业选择。同时，企业为节约成本，不到万不得已，也不再会使用全职员工。并且随着社会不断发展，三类零工内部的生产结构也将不断调整。由于三类零工在数字能力等方面要求的差异性，生产性零工的高技术准入往往意味着高准入门槛，反观运输性与非生产性的数字零工则表现出明显的简单易学，日益成为零工就业的主要选择，三类零工在生产结构上呈现出从生产性向运输性与非生产性的明显变迁。

第七章

数字平台场域下雇佣劳动正义审视

第一节 基于马克思劳动正义理论的分析

在数字资本运用数字平台提高劳动生产率,孕育出"数字劳动"这一新型非物质性创造活动的同时,平台也在资本与技术的合谋下成为新的剥削场域,劳动者与资本家这两大利益主体之间的不对等竞争关系也在不断加剧,进而导致主体的价值认知发生扭曲。[①] 在过分追求资本逻辑下的物质利益,并在资本逻辑价值观的侵蚀下,逐渐忽视了劳动作为"现实的人"的生存本质,数字资本逻辑下的劳动正义困境逐渐显现。对当前数字资本逻辑下的"数字劳动"展开合目的性和合理性的正义价值审视,探究其

---

① 刘同舫:《技术进步中的劳动正义困境及其现实效应》,《教学与研究》2021年第12期。

正义困境，能够进一步厘清数字时代的劳资关系，确立劳动正义之于社会生产和发展的根本性价值基础，为以劳动实现人的解放提供正确的价值引领。

第二节　数字平台场域下的数字雇佣劳动

随着数字资本不断利用数字平台推进全球数字化进程，原有社会生产方式和格局发生颠覆性变革。一方面，传统物质生产过程和生产车间被数字资本渗透，数字化、智能化的生产工具全面覆盖生产过程，虚拟化、实时化的非物质虚拟生产空间取代线下大工厂，数字化生产组织形式建立并逐渐成为社会主流。另一方面，传统社会化物质生产的中心要素被数字化、数据化要素取代，数据、信息等要素作为核心生产要素参与价值创造过程，从根源上推动着劳动的数字化转型，数字劳动成为数字时代社会经济发展的全新劳动形式和人类活动新样态。判定一个时代的劳动形态，最主要的标尺就是生产工具。① 数字劳动是指运用数字平台、人工智能等数字化技术对数字知识和信息进行加工改造，生产非物质数字产品价值和使用价值的劳动，其本质依旧是人类的一般劳动。② 有别于传统劳动，数字劳动是以智力、创造力而非体能为主导的非物质性劳动，当前数字劳动的主要表现形式便是

---

① 巩永丹：《把握数字劳动内涵及特征 规范数字经济发展》，《光明日报》2023年2月22日第6版。
② 曹晓勇、王桂艳：《数字商品：数字资本主义研究的理论起点》，《理论月刊》2022年第4期。

在原有雇佣劳动基础上进一步发展而来的数字雇佣劳动者，如 IT 行业的程序开发设计人员、App 行业的软件运营和维护人员以及数字平台行业的数据分析和产品设计人员等。

对于数字雇佣劳动者而言，作为传统雇佣劳动的新样态，数字资本家在固定工作日时间内通过平台的高强度算法设计和数据处理任务来提升劳动生产率创造剩余价值的基础上，进一步通过各种隐形的规章制度实现了对劳动者工作时间的"自愿"延长，隐性"996"成为数字雇佣劳动者的工作常态。同时，数字技术的便利性带来的碎片化办公，使得数字雇佣劳动对于数字劳动能力的要求更高，与之相对的劳动生产率随之不断提高，工资水平也相应提升，数字雇佣劳动者成为数字时代的"工人贵族"，成为广大劳动者的"必争之地"，"高薪化""内卷化"成为数字雇佣劳动者的职业特征。同时，得益于数字技术虚拟性和便携性的不断提升，线上办公、异地办公成为可能，只要拥有一台手机或者电脑，数字雇佣劳动者就能实现随时随地"碎片化"办公，这也使得"与机为伍""随时待命"成为数字雇佣劳动者的生活状态。"大数据既是一种权力范式，也是一种权力叙事，它遵循权力的逻辑。"[1] 在数字时代，数字资本借由对大数据的垄断不断修缮和筑起算法权力统摄下的"全景敞式监狱"（Panopticon），进而实现对数字劳动者的规训和奴役。[2] 同时，资本家通过算法逻辑的渗透，不断收集劳动者的生产甚至生活数据，以期不断完善

---

[1] 林奇富、贺竞超：《大数据权力：一种现代权力逻辑及其经验反思》，《东北大学学报》（社会科学版）2016 年第 5 期。

[2] 向东旭：《数字资本权力的运行逻辑——基于马克思资本权力批判的视角》，《当代世界与社会主义》2023 年第 2 期。

和维系其算法权力，从而更好地预测劳动者的劳动行为，控制和管理劳动者的劳动过程和劳动成果。①

随着数字资本增殖逻辑的不断运转，数字资本家借助数字平台等数字化技术，将数字劳动这一数字资本增殖路径发挥到极致，通过不断加深对数字劳动者特别是数字雇佣劳动者的隐形剥削来强化数字资本支配劳动的权力，进一步加剧了数字资本逻辑下劳动者与资本家之间的不对等关系，关系的不对等使得数字劳动对于劳动者而言依旧是异己的力量，存在着剥削、异化的非正义面向。② 借助数字技术与数字资本联合而打造的数字平台，资本家实现了在时间领域对数字劳动者生产和休息界限的模糊，实现了在空间领域对劳动者家庭和工厂边界的消弭，剩余时间得到了有效的延长，剩余价值从绝对和相对两个方面实现了最大限度的攫取，数字资本对劳动的统摄权力得到了强化。与此同时，数字资本还借由数字平台的连通性打造其全球数字网络，实现市场规模的世界性扩张，不断壮大其数字劳动力获取渠道，实现数字资本权力的扩张和对劳动的总体性吸纳。在数字资本不断壮大的背后，却是数字劳动者对数字资本依赖性的不断加强。

第三节　平台场域下数字雇佣劳动的正义困境

在数字技术推动下，劳动表现得更加自由、高效，一切

---

① 蔡万焕、乔成治：《大数据、数字化与控制：数字资本主义的政治经济学分析》，《当代财经》2022年第6期。
② 赵林林：《数字化时代的劳动与正义》，《北京师范大学学报》（社会科学版）2020年第1期。

"资本正义""劳动正义"问题都将为数字快速发展带来的诸多便利而消弭，数字技术构建出了一个新的正义场域——"数字正义"场域，在其作用下的人们自由交换劳动力、自由发展生产力、自由发展自己。在"数字正义"的场域中，人们本应向着自由而全面发展的方向不断进发。可现实却是，在西方资本主义国家主导数字资本不断追求剩余价值的逻辑下，在生产资料私人占有与生产社会化矛盾依然存在的背景下，作为数字时代实现共产主义唯一途径的数字劳动特别是数字零工劳动似乎依旧延续着其"非正义"困境：劳动能力上，"数字鸿沟"阻碍着零工的能力提升；劳动交换上，"数字监狱"加剧零工与资本家之间的主体对立；劳动过程上，"数字奴隶"揭示着零工深陷隐性剥削的现实；劳动成果上，数字零工作为"数字穷人"沦为资本主义分配规则下的祭品。综观工业资本主义时期劳资关系在数字时代的进一步发展，劳动和资本依旧是全部现代社会体系运转之轴心，看似去雇佣化自由解放的背后，却是数字资本逻辑下的数字零工与工业资本主义时期雇佣劳动一样面临着非正义的待遇，数字零工劳动的经济合理性与价值合目的性依旧得不到正义保障。通过其行动和社会实践，改变这个资本主义所主导的、存在着剥削的、非正义的世界，并将其改造成为没有剥削和压迫、公平和正义的新世界[①]，依旧是当前及很长一段时间内冲破资本主导、实现数字零工劳动正义复归亟待解决的首要任务。

一 "数字鸿沟"阻碍能力提升

"数字鸿沟"是指信息化时代背景下，拥有信息工具的人与未拥有者之间在信息化设施使用、信息化素养等方面存在的鸿沟。[①] 在西方资本主义国家利用数字资本追逐数据剩余劳动的过程中，对于数字技术的使用等方面的要求不断提高，劳动者想要从事相关劳动必须掌握一定程度的数字技能，熟练使用工具软件如 Autocad、办公软件如 Photoshop、社交软件如 Facebook 等，然而这些技术又被资本家所主导和掌握，劳动者想要获得足够的技能熟练度，不仅需要投入大量的时间和费用接受教育培训，还必须同意平台的相关许可协议，为平台无偿贡献其活动数据。与传统雇佣劳动场景下资本家对劳动者的培训不同的是，在数字资本影响下，数字技术对人的挤出效应为资本家创造了无数的产业后备军，这就使得资本家不再承担劳动者提升自己数字劳动能力的费用，广大数字雇佣劳动者要想自我提升就不得不从其微薄的薪资中加大额外向资本家有偿购买和租借数字设施的支出，缩减生存和生活支出。尤其是，由于数字技术革新速度快，劳动者往往还未掌握数字技术便已被淘汰。长此以往，存在着劳动者不断追求劳动能力提升的美好愿望，与永远赶不上技术要求而被排斥在劳动力市场之外的现实之间的矛盾。此外，对于数字雇佣劳动者而言，其劳动过程中所创造出的数据商品也始终被资本家所持有和掌握，由此产生的结果便是资本家所拥有的数字技术和信息越来越多，而劳动者则越来越匮乏，最终沦为资本主义的"数字贫瘠者"，劳动者与资本家之间的数字鸿沟形成并不断加剧，劳动者彻底丧失了平等提升自我劳动能力的

[①] 美国国家远程通信和信息管理局：《在网络中落伍：定义数字鸿沟——美国电信与信息技术产业差距的报告》，社会科学文献出版社 2002 年版，第 201—287 页。

机会和条件。

2021年世界互联网统计测算数据显示，北美地区互联网普及率高达93.9%，而非洲地区普及率仅为43.2%，两者之间的鸿沟高达50.7个百分点。除此之外，2021年，全球国家/地区互联网普及率排名中，以阿联酋、美国等为代表的发达资本主义国家普及率高达90%及以上，而以中国、印度、尼日利亚等为代表的发展中国家却不足70%。"数字鸿沟"的存在和不断加剧，严重阻碍了广大发展中国家数字雇佣劳动者的劳动技能提升，限制其个人在数字化时代下的生存和发展，甚至阻碍国家经济发展。

二 "数字监狱"加剧主体对立

伴随着数字技术的不断发展，凭借着其便携快捷、高效高产的"生产优势"，数字技术不断加大对传统雇佣劳动的挤出效应，广大失业劳动者转变为以数字零工为代表的产业后备军和储备劳动力，为资本主义国家构建起庞大的数字劳动力市场。进一步地，在数字资本逻辑推动下，零工劳动者的数字能力水平成为资本家利用平台精准选择零工的唯一标准，这也使得零工与资本家之间的关系逐渐趋向于对立甚至敌对的境地。一方面，资本家借助于数字平台的大数据分析技术对平台上的零工个人信息进行分类和归纳，按照数字能力水平将零工区分为三六九等，进而在对其的任务分配上给予差异性报酬和佣金；另一方面，数字零工的劳动过程区别于一般零工之处在于，其整个劳动过程必须全部在数字平台上发生，劳动者的整个劳动状态都必须在平台App上实时更新。借此，资本家们以数字技术作为其监督中介，将数字零工吸纳入了数字平台监控范围之内，打造出一座"数字监狱"，实现对每一个劳动者全天候的监控。① 这就使得数字雇佣劳动者在其劳动过程中是完全公开透明的，其劳动过程中必须严格遵照资本家的相关要求，不得按照自己的意愿随意进行调配，其个人主观能动性在劳动过程中是加以限制甚至不被允许的，这就使得劳动过程对于雇佣劳动者而言不再是自由自觉，而是处处受限的，稍有违规便是工资克扣甚至下岗失业的代价。可见，在数字时代，劳动者被迫沦为饱受监控的"犯人"，而资本家则成了高高在上的"狱警"，两者的关系变得更为对立。

在数字技术高度发达的资本主义国家——美国，其对于数字劳动者的监控甚至达到了令人发指的程度。据美国全国工作权利学会相关数据显示，全美约有63%的企业在员工的办公计算机和移动设备上安装了监控软件，与员工活动监控相关的企业市场规模更是高达11亿美元。② 这极大程度上入侵了劳动者的个人生活领域，致使得劳动者不光在劳动过程中，甚至在劳动闲暇时都被人监控，广大数字劳动者在所谓"数字互联、劳动无限"等口号声中，早已成为数字技术下任人宰割的鱼肉。在此过程中的资本家和劳动者关系趋向于更加对立和不平等的境地。

三 "数字奴隶"深陷隐性剥削

数字时代，在资本主义私有制和数字技术的共同作用下，

---

① 闫方洁、刘国强：《论平台经济时代资本控制的内在逻辑与数字劳工的生存困境》，《河南社会科学》2022年第3期。

② 姚建华：《作为数据流的劳动者：智能监控的溯源、现状与反思》，《湖南师范大学社会科学学报》2021年第5期。

资本家对于数字零工的剥削采用了更为隐蔽的方式，通过利用数字技术实现"自愿加班"和加剧劳动者主体焦虑实现"自我剥削"两方面，数字资本在无形之中将广大劳动者转变为"数字奴隶"。[1]

数字技术是数字时代的核心劳动资料，是数字资本增殖过程的主要工具。为此，资本家致力于推进数字技术的更新换代，意图实现对劳动生产率的绝对提升和工作日的绝对延长，从而攫取更多剩余价值。资本家通过不断完善和更新数字平台，为平台附加更多元化的功能。进一步地，平台功能的多元化为零工创造出了更多人性化、便携化的体验，如为零工提供路线规划等，由此零工对于平台的信任度不断提高，并最终形成对于平台的完全依附，平台借此推出各种福利制度，从而诱发广大零工"自愿自发"地接单闯关。资本家得以完成对零工从生产到生活时间的不断侵占，从而获得剩余劳动时间的隐形延长。可见，看似舒适美好、便携高效的数字平台助力零工解放的"幸福表象"后，是资本主义私有制下，数字资本逻辑对零工劳动主体自主性与自觉性的泯灭，零工沦为资本家不断实现资本增殖的"沉默羔羊"。

对于劳动者而言，数字劳动过程的隐性剥削还体现在其"自我剥削"之中。技术的革新加剧了对人的挤出效应，广大劳动者被强行从传统雇佣劳动中剥离出来，为了谋求生计与发展，劳动者必须不断提升自我数字能力，从而不断激化数字雇佣劳动者与待业劳动者、雇佣劳动者之间的"内卷化"趋势。马克思认为，

---

[1] 付文军：《数字资本主义的政治经济学批判》，《江汉论坛》2021年第8期。

工人分为现役劳动军和产业后备军两种类型。在数字时代人工智能等数字技术对人的取代下，数字资本为自己培育出了更为庞大的产业后备军。数字劳动创造了"自由"之境的同时，同样也加剧其劳动本身的不确定性、劳动节奏的快速性等，催生出数字零工等新的劳动形式，诚如《零工经济》一书中所预言的，许多公司不到万不得已，不会选择雇佣全职员工。这就使得数字雇佣劳动者成为众矢之的，深陷于后有广大失业劳动者与数字零工虎视眈眈，前有人工智能对人挤出的腹背受敌困境之下。数字雇佣劳动者的"内卷化""996"成为常态，营造出了紧迫性和焦虑感高度集中的局面，这在一定程度上裹挟和逼促着主体必须不断加剧"自我剥削"。要想获得更多的生存和发展资料，保障自己能在现有工作中立足，就必须不断加快劳动节奏、提升劳动强度，一旦松懈就会面临退步、减薪乃至失业等风险。当前资本主义国家的资本家正是利用数字雇佣劳动者的这一焦虑心理，通过采用大量的智能化劳动工具及数字化生产方式来遮蔽劳动者的产出贡献，通过降低技术劳动的稀缺性来消解劳动者的工资谈判能力，实现对劳动者肆无忌惮的隐性压榨和剥削，并致使广大数字劳动者长期处于高度紧张、疲于奔命的劳动过程之中，无法形成对抗数字资本的力量。

四 "数字穷人"沦为分配祭品

"分配的结构完全决定于生产的结构。"[①] 在数字经济时代，在资本主义主导世界政治经济秩序的背景下，资本家利用数字资

---

① 《马克思恩格斯文集》第8卷，人民出版社2009年版，第19页。

本，通过对数据核心劳动对象和数字技术关键劳动资料的完全占有，创造出数字资本主导下的私有化生产模式，其目的旨在打造通过独占数据等生产要素实现剩余价值最大化的平台生态圈。为了实现对于数字剩余价值的最大化占有，资本主义国家联合建立起了由数字资本所主导的新型分配秩序。

发达资本主义国家的资本家运用人工智能等技术催生出一套算法权力，并将其向数字产业化和产业数字化渗透，进而调整全社会内的剩余价值，实现剩余价值由其他各行各业各部门向数字头部企业转移，致使本就失衡的数字红利分配差距不断拉大。一方面，数字资本通过绩效考核等隐性劳动制度，使数字零工之间的主体关系从合作向竞争转变。广大生产性数字零工在不断激化的"内卷"中，不仅在为资本家降低生产成本的同时为他们创造更为庞大的剩余价值，同时也在这一过程中不断瓦解彼此的联合力量，失去与资本家进行工资议价的能力，从而沦为数字资本逻辑下的"数字穷人"。[①] 另一方面，数字资本又通过将"中小企业，无论是否以数字平台为中介，都被卷入到大资本数字平台构建的竞争网络之中，不断将经营者自己或者雇佣劳动创造的剩余价值向大资本家数字平台输送"[②]，培育出在数字时代占据绝对市场份额的"数字巨鳄"。

另外，还有少数发达资本主义国家的数字企业通过其自身的先发优势，短时间内获取大量用户信息及数据，并运用垂直经营和跨界合作等方式使自己蜕变成为数字寡头，从而跻身数字资本

[①] 周丹：《智能时代的劳动与人的劳动解放》，《人民论坛·学术前沿》2022年第8期。
[②] 朱巧玲、闫境华、石先梅：《数字经济时代价值创造与转移的政治经济学分析》，《当代经济研究》2021年第9期。

分配秩序的主导者行列。这些数字寡头，一方面，通过将数字资本与平台或其他行业融合，搭建数字供需平台提供数字化服务，对传统线下实体经济和其他国家数字经济发展造成冲击，借由非生产性数字零工不断充当"雇佣商人"的身份，将传统商业资本家的利润和国家数字红利抽取攫取；另一方面，数字技术虚拟化使得数字资本摆脱传统地租影响，通过全球化数字网络构筑的虚拟空间即可随时随地将数字零工的产品进行重复流通，如 Adobe Systems 的 Photoshop 图像编辑程序、Microsoft 的 Office 办公软件等，又能够将传统的生产过程解构，众包或外包给生产性数字零工进行商品生产，有效降低生产资本的投入。可见，数字资本影响之下，发达资本主义国家的资本家不再以直接的商品和服务生产商身份出现，而是以所谓技术和服务供应商的角色，运用数字平台的虚拟交互性在生产领域实现生产成本的不断降低，运用数据商品的可复制性在流通领域实现对剩余价值的多次变现与分割。由此，资本家借由数字平台实现资本增殖模式从剩余价值创造向剩余价值分配转型，进而成为通过分配实现坐拥巨额数字红利的"幕后 BOSS"。

当前全球数字劳工平台 96% 的投资集中于亚洲、北美和欧洲地区，其中，亚洲投资额高达 560 亿美元，北美 460 亿美元，欧洲地区 120 亿美元，相较之下，广大拉美地区、非洲地区和阿拉伯国家总投资额仅 40 亿美元，占 4%。除此之外，2019 年，全球数字劳工平台总计产生至少 520 亿美元收益，其中，美国占 49%，中国占 23%，欧洲占 11%，剩下的亚非拉地区合计占比仅为 17%，收入和投资分配不均成为当前数字资本逻辑下的数字劳动面临的突出问题。①

第四节　本章小结

　　资本与劳动是现代社会体系运转的轴心，数字平台是资本家追求剩余价值、进行技术创造与革新的产物。在马克思主义政治经济学的叙事背景下，雇佣劳动，特别是其中的剩余劳动，是剩余价值创造的直接源泉。这一法则同样适用于对数字时代数字劳动的考察。在当前时代，数字平台的出现有效突破了传统工厂制度的束缚，使得劳动过程可以随时随地同步发生。这在一定程度上消解了工厂流水线对人的自主性的约束和消弭，呈现出了一个"数字化"的正义场域。然而，数字平台不只是技术，它所具有的类资本属性，意味着数字平台早已成为集合技术、资源、权力于一体的复合商业系统。在劳动过程中，数字平台企业同样以追求利润和财富为动机。从而，正义便表现出了非正义的面向。在数字平台的场域下，数字雇佣劳动者陷滞于更为隐蔽和深层次的监控和异化场域。以马克思劳动正义理论对数字平台场域下的雇佣劳动进行考察，能够更为直接、明显地揭示其非正义表征。劳动的正义性，表现在劳动能力、劳动交换、劳动过程和劳动结果四个维度上。数字平台场域下，技术的垄断引发了"数字鸿沟"的加剧，从而表现出对劳动者劳动准入的数字能力门槛。同时，

---

① International Labour Organization,"The Role of Digital Labour Platforms in Transforming the World of Work",（2021-02-23）[2024-03-16]. https：//www.ilo.org/global-research/global-reports/weso/2021/WCMS_ 771749/lang--en/index.htm.

生产资料特别是数字技术等的私人占有，致使平台与劳动者之间表现出天然的不对等关系。为了能够劳动，劳动者必须完全服从平台安排，接受平台的许可协议、劳动守则，甚至是全程监控。换言之，数字雇佣劳动者相较于传统雇佣劳动者，是从密闭工厂劳动向"全景敞式监狱"劳动的变迁。由此，在劳动过程中，劳动者以"数字奴隶"的身份深陷于平台的奴役下。即便劳动者夜以继日地进行着无限延长的剩余劳动，但平台资本家依旧不愿给予他们多一些关照。凭借对生产资料的私人占有，平台资本家意图主导利润分配，从而不遗余力地攫取劳动者的价值。

第八章

数字平台场域下数字零工异化审视

第一节 基于马克思劳动异化理论的分析

数字时代的数字零工，具有区别于雇佣劳动的劳动过程摆脱时空束缚、准入门槛呈现强包容性以及用工方式采取任务机制等外在积极表征。但由于受到数字资本的剥削与钳制，深陷于"自由的苦难"之中。在数字资本逻辑运转下，数字平台的便携高效使得其不断渗透零工的生活，从而不断模糊工作日的生产与休息边界。同时，算法逻辑构筑起新的权力机制和话语体系，进而使对工作日生理和道德界限的突破变得合理化。资本家利用去雇佣化的劳资关系影响，将工作日变得更加分散和隐形，借以摆脱责任束缚，实现对零工劳动的隐蔽化剥削。此外，在数字平台作用下，零工劳动的异化状态也进一步加剧。

第二节　平台场域下的数字零工劳动积极表征

在数字资本不断推进数字技术革新，不断提高劳动生产率以追求剩余价值量持续积累的过程中，大量相对过剩人口作为机器挤出的产物出现，高失业率成为数字资本积累的伴生品。然而，得益于以数字技术为基础所构筑起的数字平台，一种以强灵活性与低准入性为突出优势的新型就业形态——数字零工也随之兴盛起来，并呈现出对传统雇佣劳动的强替代性。数字零工依托于数字平台所打造的虚拟化劳动场景，实现了对传统雇佣劳动时间和空间约束的突破。同时，相比于雇佣劳动的流水线式工作种类，数字零工以数字化社会生产与生活方式中的多元需求为导向，在劳动内容上呈现出低准入门槛与强包容性。在此基础上，数字零工的劳动方式也发生了颠覆性变革，需求的多元化和即时性，使得数字零工的工作方式不再采用统一调度，而以任务机制进行，零工不再受制于雇主的集中管理，而是根据个人情况按需接单。由此，数字零工的劳资关系也表现出与雇佣劳动截然相反的"去雇佣化"倾向，数字零工与其"影子雇主"（平台）之间形成合作等非雇佣制关系，并通过劳务关系派遣等形式开展劳动，劳动结束后零工获取任务"工资"（佣金），平台抽取"中介费"（提成）。总体而言，相较于传统雇佣劳动，数字零工在劳动的时空自由性、劳动的内容多元性以及劳动的过程灵活性上都得到了极大的提升。

一 劳动过程突破时空束缚

工厂作为资本主义生产方式的主要生发场地，是剩余价值创造与劳动剥削的重要场所。[①] 在工业资本主义时期，由于工业革命的发生，机器取代传统手工劳动，以家庭手工作坊为基础的手工工场为机器大工业的工厂所取代。由此，大量的雇佣劳动者开始向工厂集聚。作为具有密闭性、人员集聚型特征的工厂，为了更好地管理广大工人，制定出一套十分严密的兵营式工作纪律——要求工人必须服从劳动资料的划一运动，服从工厂管理者的管理。从而，资本家实现对于劳动者在工作日范围内的完全监控。同时，资本家还通过不断调整劳动生产率与延长工作日长度，实现了对劳动者剩余劳动时间的延长，进而加剧对剩余价值的压榨。

在数字技术的推动下，工厂劳动的高墙已然崩塌。伴随着技术革新的持续进行，以互联网为基础的数字平台成为生产领域的主流工具。数字平台通过大数据分析技术将原有的社会生产过程和场景进行解码，并通过互联网络进行重组与耦合，打造出一个与现实场景完全相同但附加功能更加多元的虚拟空间。进一步地，借助互联网的渗透性与连通性，实现对社会大众线下生产生活的全面渗透，并以其所具有的便携性与高效性，助推社会生产生活数字化转型，从而实现对全体社会成员的总体吸纳，构筑起庞大的数字劳工群体。随着传统生产场景虚拟化、数字劳工持续

[①] 韩秋红：《数字资本主义视域下的异化劳动批判与共产主义构想》，《求是学刊》2023年第2期。

兴起，数字劳动形式取代工厂劳动成为当前时代的主要生产方式。

数字零工作为数字劳工的主体，更是在劳动上呈现出时空边界零散化与模糊化的新特征。①得益于数字平台的发展，数字零工相较于传统的职业劳动表现出更强的弥合性，它能够有效弥散于当前时代的各种生产与生活场景之中。在时间层面，以"信息劳动众包"为例，对于这类数字零工而言，其工作内容主要是由需求方在数字平台上发布产品宣传、信息收集等任务，零工根据个人的时间规划选择特定时间进行接单劳动。相比于传统职业劳动下的"朝九晚五"工作日，零工无须投入全天候的完整时间。在空间层面，"即时按需服务类"零工最具发言权，对于这类零工而言，其工作内容与传统零工无异，差别在于中介方由平台充当。零工通过平台获取线下需求订单，并在特定时间内奔赴规定场合完成服务即可，服务内容多为交通出行、商品配送等。由于需求的多元化与场景的弥散性，这类零工劳动无须也不宜进行劳动时空集聚，反而更要求零工具备极强灵活性，能够快速地适配于各种时空场景之中，高效完成服务提供。这种在复杂时空中进行无痕劳动的数字零工工作形式，也被部分学者称为"幽灵工作"。②

二 准入门槛呈现强包容性

数字技术的发展推动着社会大众需求的多元化提升。得益于

---

① 许弘智、王天夫：《劳动的零工化：数字时代的劳动形态变迁及其形成机制探究》，《经济学家》2022年第12期。
② [美]玛丽·L.格雷、西达尔特·苏里：《销声匿迹：数字化工作的真正未来》，左安浦译，上海人民出版社2020年版，第1页。

数字技术的不断发展，传统生产和生活过程被"0和1"的二进制编码所解构，并在依托的数字平台上重构，形成与传统线下生活相对应的数字世界。在数字世界之中，人们可以凭借虚拟化身份进行信息交流、产品生产与休闲娱乐，各种小众化的偏好和需求都可以得到有效展现，而无须担心线下生产生活中可能面临的舆论压力与道德约束。与此同时，借助于大数据和互联网的集合性与联通性，诸如Facebook、INS的社交平台等为大众寻求志同道合的知己、获取多元化的信息提供了便利。同类的共鸣与视野的开阔，使得社会大众在生产与生活中不断被刺激、需求不断被催生。

需求的多元化增长必然伴随着供给的不断跃升。为了更好地满足社会多样化需求，传统社会分工必须不断进行精细化分流，生成更多需求向就业岗位。例如，为了满足社会大众对于商品买卖的即时性获取需要，以商品配送为主的快递服务行业兴起；为了满足社会大众的低成本出行需要，以交通运输为主的网约车平台应运而生；为了满足社会大众的自由向自给性工作需要，以自媒体为主的短视频创作者成为新兴就业形态；等等。然而，由于这些工作岗位以需求为导向，需求又呈现出典型的瞬时性特征。对于企业而言，如若雇佣相关人员专门从事此类职业势必将承担巨大的人力成本。因此，数字零工这类职业往往采取非雇佣化工作形态，劳动者按需接单、工作又具有明显灵活性特征的新职业成为不二之选。相比于传统工业时代的雇佣劳动职业形态的岗位有限性，数字零工面对数量庞大且每日俱增的社会需求，具有更加庞大的就业机会。

多元化的需求和灵活性的就业形态，使得数字零工相比于传统工业资本主义时期的雇佣劳动在准入门槛上呈现出更强的包容性。在数字技术不断推进技术革新的过程中，机器的替代效应使得大量的劳动者被传统生产过程所挤出。然而，数字技术所引发的社会生产和生活方式数字化转型又通过刺激需求为它们提供了更加多元化的就业岗位。美国自由职业平台 Upwork 2020 年公布的数据显示，在美国有36%的劳动力人口从事数字零工。来自中国的数据也表明，2020年互联网平台工作的零工人群超过8000万人，其中67.0%工作者学历为大专及以下。可见，在数字技术的作用下，无论男女老少，学历高低，只要具备劳动能力，都能通过数字平台的供需匹配机制，在庞大需求中寻到合适的就业机会和岗位。

三　用工方式采取任务机制

工业资本主义时期，雇佣劳动方式是资本主义的生产方式，也是劳资关系的主要矛盾点。随着社会分工趋于精细化，劳动异化不断显现与放大。伴随着大量生产资料与社会财富在货币所有者一侧积累，随之而来的是劳动者的贫困不断加剧。在此背景下，货币所有者为了取得更多的商品价值，需要寻求能够创造出更大价值的商品；而劳动者为了维持自身的生存需要，必须获取足够的物质资料。由此，劳动力商品化的过程应运而生，雇佣劳动作为资本主义的生产方式被确立下来。在雇佣劳动制度下，资本家通过支付劳动者工资来换取劳动者在规定时间内所让渡的劳动力使用权，进而与生产资料相结合进行商品生产，为资本家创造剩余价值。劳动者则获得作为其劳动力价值表现形式的工资，从而维持自身及其家庭生存和发展、接受培训与教育的物质资料需要。可见，劳动者与资本家之间存在着明显的劳动力商品交换关系。因而，一个关于劳动力商品的"二律背反"现象也随之表现出来——资本家作为买主，力求在工作日的长度内尽可能多地使用劳动者的劳动力以创造剩余价值；而劳动者作为卖方为了保障自己能够持续进行交换，总想尽可能多地节省对于劳动力商品的使用。在此基础上，劳动者与资本家之间围绕作为劳动时间具象化表现的工作日必然存在着激烈的斗争与冲突，从而使得工作日因为社会道德与工人生理表现出明显的最低和最高限度。

数字零工的生产方式采取任务机制，在劳资关系上呈现出明显的"去雇佣化"。由于数字零工在工作时间和空间上呈现出明显的零散化特征，因而在工作内容上不适用于传统雇佣劳动制度下的集中统一安排和调度，加之数字零工的兴起来源于社会需求的多元化发展，致使它在工作内容上呈现出明显的多样性。从传统工业平台生产过程的"众包"与"外包"到人民大众的衣食住行即时性服务社会生产与生活的各领域，都存在着数字零工的影子。基于此，数字零工的劳动过程形成了一种特有的形式——任务机制。服务的需求方通过在数字平台上发布订单，并设置任务佣金，数字零工根据自身的实际情况有选择性地接单，完成服务后获得佣金，此单任务宣告完成。零工想要"多得"，只需"多劳"，同时订单的多元化还给了零工更加多样化的职业体验，不同任务意味着零工可以进行不同的劳动过程，从而使得劳动过程更具个性化和自由感。用工方式的任务机制使得零工工作在劳资关系中呈现出与传统雇佣劳动截然不同的一面。由于需求任务发布具备极强的即时性和不可预测性，零工进行统一调配的人力成本巨大，因而往往难以建立长期雇佣关系。加之，对于零工而言，想要多劳多得，就必须时刻把握任务发布先机，成为"斜杠青年"而非雇佣工人；想要更加自由，就必须摆脱传统雇佣劳动下的固定工作场所与时间。[1] 而对于数字零工的名义雇主——数字平台而言，更多充当着中间商的角色，通过为任务的双方当事人提供交流协商的场域，促成自愿劳动协议，以劳务派遣等形式完成任务，数字零工的用工灵活性得以体现。反观平台在这一过程中，通过在任务完成后向双方抽取"中介费"盈利，并在与数字零工签订的非正式雇佣合同中，在和零工之间的"非雇佣关系"中有效规避相关责任与风险。这也为数字零工在实际工作过程中可能面临职业伤害、权责不明等权益侵害风险埋下隐患。[2]

第三节　数字平台场域下零工工作日的无形延长

零工劳动从其表象上看，是"去雇佣化"劳资关系下的自由劳动形式，但从其内在逻辑上，在借助数字平台获取工作信息并支付费用时，在主体关系上已然形成了不对等。零工由于自身信息获取的贫瘠性而不得不出卖劳动力获取工资，同时在获得工资前又必须支付平台中介费用或手续费。这一过程是零工对自身劳动力价值的让渡，平台凭借用户协议等形式占有了零工劳动力价

---

[1] 闫境华、石先梅：《零工经济资本与劳动之间关系的政治经济学分析》，《理论月刊》2021年第8期。

[2] 李贵成：《数字经济时代平台用工"去劳动关系化"的表征、挑战与应对》，《云南社会科学》2023年第2期。

值，两者之间依旧存在着劳动力的买卖关系，形成了对劳动者的雇佣关系。形式隶属消除的背后是零工实质隶属的加剧。

一 数字技术渗透模糊工作日产休界限

"数字时代的社会变迁之所以是根本性的，是因为数字技术改变人们的行为方式，进而重组了生产组织方式，重塑了生活方式，重建了社会结构，再造了社会运转机制。"[1] 数字时代，以物联网、互联网等数字化技术为代表的数字化劳动资料在生产过程中占据主导地位。其所具有的虚拟性、高效性、智能性和算法性等特征，为零工劳动的数字化转型提供了可能。依靠数字技术遵照个人意愿租借自身能力进行劳动的零工模式，成了当前时代零工劳动新样态。借助手机等智能设备和数字技术构筑起的数字平台，人们可以摆脱传统劳动的时空界限，以更为自由的方式选择工作种类与工作时间，零工日益成为新型主流工作形式，为社会充分就业提供了可能。得益于数字技术，人们的工作状态也发生了质的改变。技术乐观主义学派指出，数字技术发展极大拓宽了劳动生产的自由性，借助数字化网络平台，人的劳动不再受制于工厂、机器设备的影响，Facebook、Contently、YouTube 等网络平台兴起并被人们所普遍接受。人们在平台上按个人时间和意愿上传视频或文章通过获取用户流量赚取工资，在此基础上孕育出了视频博主、网络写手等内容创作型零工职业。除此之外，数字技术的互联网络还拓宽了零工群体的信息获取方式和范围，借助大数据的供需匹配系统，零工可以实时获取范围内的各种供求信息

---

[1] 王天夫：《数字时代的社会变迁与社会研究》，《社会科学文摘》2022 年第 3 期。

进行接单，极大节省了时间成本，借助于优步、Go-jek、Deliveroo 等平台，外卖配送、共享出行等零工职业也成了人们生活中不可或缺的部分。

数字技术美好发展、便携自由的繁荣景象背后，却是对零工自由时间的隐形掠夺，对剩余劳动时间的变相延长。技术革新由资本增殖推动，技术与资本联姻是数字技术的内在发展逻辑。资本数字化将数字技术打造成数字时代资本增殖的主要工具。生产过程作为资本增殖的场域开始向数字零工劳动模式变迁，其核心要义依旧是为作为资本人格化的资本家攫取剩余价值。数字技术特别是数字平台为资本缩短必要劳动时间、延长剩余劳动时间提供了可行路径。

数字平台加剧了零工的随时待命状态，实现了剩余劳动时间相对延长。通过零工模式为劳动者提供"自由"劳动模式，并进一步通过技术革新和宣扬"技术解放论"来加剧零工对于平台的依赖性和黏性，从而打造"数字圈地"，实现"数字殖民"，引发数字时代的"羊吃人"现象。以 Deliveroo 为例，广大零工在不断运用平台进行劳动的同时，也不断为平台创造数据用于完善平台的算法，从而使平台通过提高劳动生产率降低零工单笔订单收益，并为不断提高订单抽成提供可能。劳动者为了获取维持生存所需的资料，即便是在等待接单的所谓碎片化的"自由时间"里，也依旧是一种"原地待命"状态。平台实现了在无形中加剧对于劳动者必要劳动时间的缩短，从而获得了剩余劳动时间的相对延长。

数字平台致使零工深陷"自我剥削"，实现了剩余劳动时间绝对延长。数字平台以其所宣扬的低准入门槛与数字技术对人的挤出效应联合，将广大失业工人转为产业后备军纳入零工劳动力市场中，并通过不断宣扬所谓"人人可为、多劳多得"的思想，不断加剧零工群体竞争。对于本就一无所有的零工群体而言，自由化的劳动模式意味着劳动者权益的舍弃，缺乏雇佣合同加剧了劳动过程的风险性，低准入门槛加剧了就业的不确定性，双重风险与自身贫困相交织，零工群体陷入长期焦虑和恐慌的心理状态之中，在资本诱导下不断加剧"自我剥削"。[①] 自愿延长工作时间、自愿降低工资水平、自愿接受资本家制定的种种不合理法规成了零工的主体选择，从而资本家实现对于零工剩余劳动时间的绝对延长。

二　算法逻辑突破工作日生理道德界限

算法是数字技术得以运行发展的核心。在当前时代，算法权力正在逐渐形成一种"准公权力"改变原有权力格局——权力主体呈现出去中心化、权力作用范围呈现扩张化以及权力互动呈现出双向化趋势。[②] "资本由于无限度地盲目追逐剩余劳动，像狼一般地贪求剩余劳动，不仅突破了工作日的道德极限，而且突破了工作日的纯粹身体的极限。"[③] 依托于算法决策，资本对零工的剥削突破传统道德和身体的双重极限变得更加隐蔽和深层，工作日对于零工而言为隐性剥削的象征。

算法逻辑突破工作日生理界限。依托于算法构筑的"全景敞

[①] 崔学东、曹樱凡：《"共享经济"还是"零工经济"？——后工业与金融资本主义下的积累与雇佣劳动关系》，《政治经济学评论》2019年第1期。

[②] 林嘉琳、陈昌凤：《算法决策下零工经济平台的权力关系变动及价值选择——以外卖平台为例》，《西南民族大学学报》（人文社会科学版）2021年第12期。

[③] 《马克思恩格斯文集》第5卷，人民出版社2009年版，第306页。

式监狱"①，零工的身体极限早已为资本所宰制。零工劳动的实现必须依托于智能设备和数字平台进行，在此过程中零工必须接受和授权于设备或应用读取劳动者位置、存储等方面的权限。由此，资本家可以通过平台后台获取零工的位置、路线以及工作状态等，通过对零工生成数据的分析，可以有效把握零工的个体状态，进一步依托于数字平台的规模效应，经由算法决策的大数据分析，资本家还可以实现对马克思所谓"社会必要劳动时间"的数据可视化，从而为通过缩短必要劳动时间延长相对剩余价值的生产时间提供参照。诚如马克思所论述的那样，"一旦有适当的利润，资本就胆大起来。……为了100%的利润，它就敢践踏一切人间法律；有300%的利润，它就敢犯任何罪行，甚至冒绞首的危险"②。同样，在数字时代，资本数字化为了获取剩余价值，也会不惜一切代价去试探零工必要劳动时间的底线，挑战零工的剩余劳动生产极限，甚至突破道德和身体的极限。伴随着导航和交通运输设施等数字化技术的不断革新，平台借口提升用户满意度、助力零工提升接单效率等不断压缩零工单笔订单的配送时限，设定用户评价机制和平台承诺机制等服务以不断提高零工工作效率。同时，零工的危险性系数将会大幅提升，失信违规等成了零工生存和发展的重大威胁。对于零工而言，想要在缩短自己工作日的同时获取足够的生活资料，除了不断提升自己的劳动强度似乎别无选择。在平台依旧我行我素地通过提升对服务时长、

---

① "全景敞式监狱"是福柯《规训与惩罚》一书中借用现代监狱的空间设计典范及边沁的"圆形监狱"提出的概念，它作为现代资本主义权力治理的一个象征，代表了对个体进行规训的权力场域。

② [德] 马克思：《资本论》第1卷，人民出版社2018年版，第871页。

任务分配以及单笔订单抽成的背后，是劳动者不断透支自己的生活时间，挑战着自己的生理极限。

算法逻辑突破工作日道德界限。在算法决策的"准公权力"主宰下，零工的道德界限显得微不足道。对于零工而言，平台带来的精准匹配为它们提供了更为自由和广阔的生存空间。平台的总体吸纳使得劳动者不仅在形式上隶属于资本，而且劳动者的社会关系也完全为资本所掌握，在全社会构筑起"算法为王"的道德观。借助于算法决策的便利性和精准性，数字平台实现了对用户黏性的绝对占有。广大零工在运用平台进行零工劳动时，为了享受平台的数据资源，不得不接受平台制定的各种用户协议，即便其中的隐性条款极为严苛和不合理，为了在激烈竞争中获得准入，零工在进行思想斗争后依旧会选择接受。除此之外，数字平台打着所谓"自由化""自主化"的旗号，大力推广实行"去雇佣化"模式，其背后实质是资本家对其"去义务化"和"去道德化"。由于缺乏雇佣合同关系等社会契约，平台与零工之间呈现的是一种合作关系，平台对于零工劳动过程中可能存在的风险和隐患不承担任何责任与义务，零工必须自费承担社会保险、医疗等费用。即使零工想要维权也会因为关系认定的困难而不了了之。与此同时，在激烈的市场竞争和"多劳多得"职业观的影响下，零工逐步沦为算法决策下的"隐形奴仆"。道德极限已然在算法决策下由零工"自愿"突破。除此之外，受制于传统错误劳动观和平台用户评价机制的影响，社会民众对零工具有明显的职业偏见，这也使得零工在劳动过程中即便受到不公正对待也很难得到道德援助，零工的道德极限突破变得理所当然。

三 "去雇佣化"导致工作日呈现隐性表征

"去雇佣化"是零工劳动的一大突出特征。"去雇佣化"表明,平台与零工间直接的劳动合同关系的消失,劳动者与平台之间不再是直接的被控制与控制关系。① 劳动者可以按照自己的意愿与时间安排自由地选择服务种类、时段与场所。劳动者与平台之间形成了一种"互助向"的合作关系,平台为劳动者提供数据信息获取与发布场所,劳动者提供自身劳动力和部分劳动资料进行劳动,订单完成后劳动者与平台进行分成。这一"去雇佣化"的合作关系看似弱化了零工对于资本的形式隶属,但实际情况却是资本数字化运用数字平台等技术对零工进行更隐蔽化、全方位的剥削与监视,以更难以察觉的方式加深了零工对于资本的实际隶属。在表面正式合同关系消失的背后,是资本家通过网络注册和协议同意就可以达成的临时用工协议,是资本家为了绕开传统有利于保护劳动者权益的"劳动关系"法律束缚的借口,其实质依然是资本通过雇佣更多劳动获取更大剩余价值的逻辑。② 通过借助于数字平台的算法控制系统,资本家实现了对零工工作日时间的延长和强度的提升、生产过程中生产成本的降低和工人工资的变相压低,劳动者与资本家之间的主体关系变得更加对立。

"去雇佣化"的表象之下剩余时间的延长。零工采取计时或计件的泰勒工资制,零工想要获取足够的再生产资料必须自发增加劳

---

① 闫慧慧、杨小勇:《平台经济下数字零工的劳动权益保障研究》,《经济学家》2022年第5期。

② 韩文龙、刘璐:《数字劳动过程中的"去劳动关系化"现象、本质与中国应对》,《当代经济研究》2020年第10期。

动时间或者劳动数量。由于数字平台对于数据信息等核心生产资料的垄断，零工被纳入平台的增殖过程中——先将传统雇佣劳动的完整剩余劳动时间分散到零工的单笔订单完成时间之中，再通过平台抽成的形式实现对剩余价值的汇集。一方面，伴随着零工工作数量和时间的增加，零工群体整体剩余劳动时间总量也获得延长，平台实现对于剩余劳动时间的绝对延长。另一方面，资本数字化通过对数字平台的渗透将其转变成为监视和剥削零工的工具，通过对数据的垄断与分析，实现对零工生存状态的全面掌握，并通过递进式缩减社会必要劳动时间的方式来不断开发零工的生存弹性，进而为不断蚕食零工的必要劳动时间提供现实基础。

"去雇佣化"没有缓和零工与资本家之间的矛盾。零工与数字平台之间看似合作的背后，依然蕴含着劳资关系的基本矛盾——生产社会化与生产资料私人占有之间的矛盾。零工劳动得以实现的前提在于市场供求信息的获取，这就致使数字平台与零工之间建立起了不平等的"附庸"关系，零工必须无条件服从平台指令。为了吸引和讨好消费者，平台推出了一系列极具夸张性的服务。从"专人配送"到"私人订制"，看似不可能的背后是平台对零工"必须可能"的苛刻要求。并且，平台还将消费者纳入零工控制主体的范畴之中，赋予消费者以监管权力，从而加深对零工的剥削，通过将催单、好评等考核机制与数字零工的收入挂钩，加剧了消费者与零工之间的主体权利不对等。通过数字技术打造的"全景敞式监狱"，不断制定更为严苛的"游戏规则"，通过低准入门槛形成的庞大产业后备军威胁零工：要么接受、要么退出。零工在长期的监视、剥削与内心的焦虑、恐慌中逐渐丧失主体地位，进而完全沦为平台的"数字奴隶"。

第四节 数字平台作用下的零工劳动异化困境

就劳动异化而言，马克思在《1844年经济学哲学手稿》《神圣家族》等文本中都进行了阐述，总体而言，其主要包含四大方面：人与人的劳动异化，人与人的劳动过程异化、劳动者与他的类本质异化和人与人之间的异化。① 结合数字零工劳动的数字化时代特征来看，当前时期的劳动异化对应马克思的劳动异化理论主要呈现出四大新特征——劳动数据商品化、剥削隐性化、劳动自觉迷失化和主体关系对立化。

一 劳动数据商品化

在数字技术的推动下，数据资源成为生产的关键要素，同时基于网络的外部性，数据资源得以充分发挥其规模经济效应，进而成为广大平台争相竞争的对象。"劳动的这种现实化表现为工人的非现实化，对象化表现为对象的丧失和被对象奴役，占有表现为异化、外化。"② 在零工劳动过程中，数字平台一方面通过收集劳动者的地理位置、接单偏好等为劳动者提供"最优匹配"订单，并掌握劳动者的劳动情况，以此精进平台服务，吸引消费者；另一方面通过订单掌握收集被服务对象的个人身份信息、消费偏好、浏览记录等大量数据，通过先进的数据算法，尽可能掌握

---

① ［德］马克思：《1844年经济学哲学手稿》，人民出版社2018年版，第52页。
② ［德］马克思：《1844年经济学哲学手稿》，人民出版社2018年版，第47页。

"完全市场信息"以拥有精准的消费预判能力，并将信息出售给广告商使其可以针对个人精准投送广告，平台企业以此获取利润。马克思认为，工人与其劳动产品相异化的过程在于"工人生产得越多，他能够消费的越少；他创造的价值越多，他自己越没有价值、越低贱；工人的产品越完美，工人自己越畸形；工人创造的对象越文明，工人自己越野蛮……劳动越机巧，工人越愚笨，越成为自然界的奴隶"[①]。事实也是如此，以美团为例，2020年财务报告显示，美团全年餐饮外卖业务交易金额高达4889亿元，同比2019年增长24.5%，而美团在骑手方面的支出则为487亿元，截至2020年底，美团在职骑手为950万名，骑手人均年收益约为5100元，月收益约为425元，相较于美团餐饮外卖净收入的633亿元可谓冰山一角。在平台对数据进行二次加工、创造出新的产品和服务、为自己获取更多收益的过程中，作为"数据贡献者"的劳动者不仅并未劳有所得，甚至还将受到来自其所创造的数据的制约。在对外卖配送相关数据算法的不断精进下，外卖订单单均配送时间不断缩减，随之而来的是外卖配送员"闯红灯"、超速等交通安全事故频发。

除此之外，对作为互联网平台密切使用者和依赖者的零工劳动者而言，其在使用平台获取劳动信息的过程中，不仅为平台获取到了商家和消费者的需求信息，同时也无偿帮助平台获取到了商家和消费者的基本情况、个人偏好等，这都为平台不断完善自身系统、开展新的业务范畴提供了市场调研基础，而与传统调研不同的是在这一过程中平台是无偿占有，同时是由劳动者隐性创造的。另外，

[①] 《马克思恩格斯文集》第1卷，人民出版社2009年版，第158页。

在劳动者劳动的过程中,由于平台监管的存在,它可以实时获取劳动者的劳动情况,平台利用这些劳动数据进行二次加工,调整平台运营模式,提升资本周转效率,获取更多利润。例如美团平台通过捕捉骑手的送餐情况来制定更短的送餐路程,缩短送餐时间,进而提升送餐效率,以此作为卖点吸引消费者,从而为自身创造更多流量收益。而对于骑手而言,通过平台获取订单且单笔订单完成后由平台进行抽成。

二 剥削过程隐性化

马克思的劳动异化论认为,劳动者与生产活动之间的异化关系,是劳动过程的异化,即在劳动这一过程中,工人"自己的劳动中不是肯定自己,而是否定自己,不是感到幸福,而是感到不幸,不是自由地发挥自己的体力和智力,而是使自己的肉体受折磨、精神遭摧残"[1],由于数字劳动所表现出的平台特征,相较于传统的劳动过程而言,数字劳动者的劳动过程在数字技术的推动下,不再受制于时间和空间限制,同时效率也得到了极大提高,劳动者的劳动过程更加自由,然而这只是数字劳动的"自由假象"。

深入研究发现,在数字劳动者进行数字劳动的过程中,看似自由实则处处受制,由于数字劳动者在劳动过程中必须依托数字平台,而数字平台出于所谓"权益保障",要求劳动者在劳动过程中必须运用平台所提供的终端或者 App 进行劳动,这就使得劳动者在劳动过程中被平台时刻监管,劳动过程透明可见,以美团和滴滴平台为例,在接单以后,骑手和车主必须依照平台所规划

---

[1] 《马克思恩格斯文集》第 1 卷,人民出版社 2009 年版,第 159 页。

的线路进行派送，不得随意更改路线，同时在完成订单后，还要受到用户和乘客的评价，评价结果直接影响到骑手和车主的报酬以及在平台上的信誉度等，对其下次接单造成影响，表 8-1 是对 2021 年中国美团骑手扣款规则中的部分节选，其中对于送达问题和顾客评价方面，美团平台采用了订单或现金扣款的方式，且在金额方面相较于单笔订单收入而言较高，可见其惩处力度之严苛。这就使得数字劳动者在劳动过程中不得完全按照自己的意愿进行合理调配，在劳动过程中的个人主观能动性不被允许也无法发挥作用，必须遵照平台要求严格执行，进而造成"自由"下的人与人的劳动过程相异化。

表 8-1　　2021 年美团骑手不规范行为扣款规则（节选）

违规行为	行为说明	扣款金额
到取货处位置异常	上报到店时未在商家处点击上报到店	0 元（警告）
取货位置异常	未在商家处点击取货	0 元（警告）
送达超时	订单送达超时	超时（0.6）分钟，扣 40% 订单配送收入 超时（6—12）分钟，扣 50% 订单配送收入 超时（12—18）分钟，扣 60% 订单配送收入 超时 18 分钟以上，扣 70% 订单配送收入
提前点送达	餐品/货品未交付顾客前点击送达	50 元/单
顾客评价"不满意"	配送原因提前点到达、送错餐品、餐品破损、送达超时、送达不通知、态度不好、仪表不整等等	自然周 7 天内出现 1 次扣款 3 元 自然周 7 天内出现 2 次扣款 8 元 自然周 7 天内出现 3 次及以上扣款 15 元

除了平台对于劳动者的隐性剥削外，数字平台的零工劳动者还存在着"自我剥削"。马克思把工人分为现役劳动军和产业后备军。

在数字时代下，人人都可以是产业后备军。数字平台下的"自由"同样也加剧零工工作的不稳定性、劳动节奏的快速性等，由此也制造出了种种紧迫性和焦虑感，这在一定程度上裹挟和逼促着主体必须不断加剧"自我剥削"。要想获得更多的生存资料在社会中立足，就必须加快劳动节奏，一旦松懈就会面临退步、减薪甚至失业等一系列问题。平台资本正是利用劳动者的这一心理，通过采用大量的智能化劳动工具及数字化生产方式来遮蔽劳动者的产出贡献，通过降低技术劳动的稀缺性来消解劳动者的工资谈判能力，实现对劳动者肆无忌惮地进行隐性压榨，并且使劳动者长期处于高度紧张、疲于奔命的劳动过程之中。[①]

三　劳动自觉迷失化

马克思认为，人是一种社会生活的类存在，具有自己的类特性，这种类特性作为人的一种自主自觉的活动，既是一种物质生产活动，也是一种精神生产活动，是人的本质属性。[②] 然而，伴随着数字技术的不断发展，"科学技术在机器大工业中的应用代替了相应的劳动功能，人在技术系统面前必须服从技术本身的要求才能发挥科学技术的正常功能。于是人们失去了主体创造性，成了机器的零件和组成部分，人只执行他的某一方面纯粹机械的职能，如果不看他的外形和内在结构，人就只是一个齿轮或螺丝钉"[③]。这种

[①] 韩文龙、刘璐：《数字劳动过程中的"去劳动关系化"现象、本质与中国应对》，《当代经济研究》2020 年第 10 期。

[②] 吴宏洛、孙璇：《当代资本主义数字经济中的异化劳动问题》，《当代经济研究》2021 年第 6 期。

[③] 李桂花：《科技哲思——科技异化问题研究》，吉林大学出版社 2011 年版，第 200—201 页。

智能化技术的运用"从人那里夺去了他的类生活,即他的现实的类对象性,把人对动物所具有的优点变成缺点"①。

相较于传统零工劳动下的高工作时间、高人力劳动,数字技术和平台的运用,有效降低了劳动者的工作负担,利用技术来避免不必要的成本,如依托数字平台规划路线避免因为不知道路线而绕远路,依托大数据平台提供的信息归纳筛选来规避找工作的弯路等。对于劳动者而言,数字技术的运用,有效提高了劳动效率,缩短了劳动时间,劳动者单位时间创造的价值增多了。以美团骑手为例,利用大数据所带来的订单信息,美团骑手可以广泛接单,从而通过跑单量的提升来获得更多的收益,同时,依托大数据的路线规划,也能让骑手更快地完成订单。在数字技术的高效性之下,人们开始广泛接受和偏爱于数字平台,愿意从事依托于数字平台的工作。国家信息中心统计数据表明,截至2020年,我国互联网平台工作人数已达8400万人,相比于2017年增长率达20%。

在数字技术解放人的虚幻之下,实则是用户在平台资本和算法技术裹挟下,逐渐丧失了选择的自由和批判的能力。在零工劳动者不断利用数字平台进行劳动的过程中,平台资本利用算法技术分析并定向"投喂"受众,使受众陷入"信息茧房"的窠臼,沦为被平台资本"设定"的单向度的人。平台通过对双方信息的匹配,对劳动过程和劳动方式的全程把控,致使劳动者不仅无权自由选择,而且还沉浸于数字平台所谓"最优选择"之中无法自拔,思想和行为逐渐被数字技术所掌控,其作为劳动者的自主性和反抗意识逐渐丧失。

---

① 《马克思恩格斯文集》第1卷,人民出版社2009年版,第163页。

四　主体关系对立化

就人和人的异化而言，马克思认为，这是劳动产品、劳动过程和类本质异化所带来的必然结果。马克思认为，所有权是异化的本质，在没有异化之前，所有权的自由本质集中表现为劳动者拥有对自己产品的所有权，然而，伴随着资本主义生产关系的出现，工人并不占有他自己的劳动产品，这个产品对他来说表现为他人的财产。当自己的东西变成了他人的财产，意味着自己同他人的同一关系表现为对立、异化关系。[①]

在数字经济时代，零工劳动者与平台之间、与商家之间呈现为表面上的平等合作关系，然而，在这背后存在的是平台与商家对数字劳动者的隐性剥削。一方面，劳动者通过平台获取相关信息，向商家提供劳动换取其生存与发展所需要的物质资料，在这一过程中会受到商家对其的剥削，即在有限的工作时间和固定的报酬之下提供优质和高效的劳动服务。另一方面，平台在劳动过程中对劳动者进行实时监管，并通过用户评价等形式限制劳动者，在服务结束后从劳动者和商家双方获取抽成和数据，用于扩大自己的资本再生产，赚取更多利润。在这一关系内，平台与劳动者、商家之间呈现出以平台为主的不平等关系。对于谋求生计的零工劳动者而言，零工劳动本就是他们在无法寻求常规雇佣劳动后的最终选择，这就意味着劳动者和平台之间的关系远比其他劳动关系来得更为紧密，劳动者想要多劳动，获取更多收益，就必须通过平台获取更多信息。这就使平台掌握了主动权，借此机

[①] 《马克思恩格斯全集》第30卷，人民出版社1997年版，第463页。

会更进一步加剧对劳动者的隐性剥削，如充值平台会员、邀请新用户、完成一系列无偿任务等，而对于劳动者而言，往往敢怒不敢言。长此以往，劳动者与平台之间的关系越来越不平等，劳动者成为任人宰割的鱼肉，平台成为疯狂屠戮的刽子手，人与人之间的关系不断异化，最后发展成关系冲突。

第五节 本章小结

在数字资本与数字平台的双重影响下，数字零工这一伴生产物也表现出显著的双面性——资本要素效率作用下的劳动相对自由与资本增值逻辑下的剥削困境加深。一方面，数字零工呈现出更强的相对自由表征。作为零工形态在数字时代的新发展，数字零工不仅继承了零工本身的时空自由性，还进一步借助数字技术的虚拟与联通能力，实现了时空自由性的无限延伸，以自媒体、网络写手为代表的零工形态更是实现了足不出户完成工作。同时，借助数字平台的强吸纳与整合能力，数字零工在准入门槛方面表现出更强的包容性，只要人的需求无限，零工的任务样态便能持续多元。伴随着数字技术推动移动支付的不断发展，数字零工在佣金发放方面也比传统零工更加方便快捷与高效，雇主与零工之间的交流从线下转移至线上，沟通成本与时间成本有效降低，零工甚至可以同时承接多笔任务，劳动生产率与效率获得有效提升。另一方面，数字零工依旧深陷于资本增值的内在剥削机理中。在时间维度上，数字资本通过数字平台场域无限延长数字零工的工作日长度。主要表现为资本家利用数字技术不断渗透其增值逻辑，模糊零工工作日的生产与休息界限，利用算法逻辑架构其增殖话语体系，不断突破零工工作日的生理与道德限度。在此基础上，资本家还进一步利用数字零工的去雇佣化劳资关系，免除自身的劳动责任与义务，加剧零工的内卷化与"自我剥削"，使得工作日表现为隐性与分散的任务时间，从而实现隐性延长。同时，数字资本构筑起平台生态圈，使数字零工的整个劳动过程都在数字资本的完全控制中，通过劳动数据商品化、剥削隐性化、劳动自觉迷失化和主体关系对立化不断加剧零工劳动的异化状态。

第九章

新质生产力视域下数字平台要素吊诡

第一节 基于新质生产力理论的分析

2023年9月，习近平总书记在地方考察时首次提出了"新质生产力"这一重要概念，明确指出应整合科技创新资源，着力发展战略性新兴产业和未来产业，以加快形成新质生产力。① 新质生产力是一种以创新为主导、摆脱传统经济增长模式的生产力发展路径，具有高科技、高效能与高质量的特征，符合先进生产力的质态。"发展新质生产力"作为2024年政府工作的首要任务，自提出以来就备受国内外的关注和讨论。② 众多学者围绕新质生产力展开深入研究，包括：从生产力与生产关系视角论述要建立

---

① 《习近平主持召开新时代推动东北全面振兴座谈会强调 牢牢把握东北的重要使命 奋力谱写东北全面振兴新篇章》，《人民日报》2023年9月10日第1版。
② 谢富胜、江楠、匡晓璐：《正确理解新质生产力》，《政治经济学研究》2024年第3期。

与新质生产力相适应的生产关系[①]，抑或是分析新质生产力与传统生产力之间的关系[②]，以及如何促进新质生产力的发展[③]，等等。新质生产力涵盖传统生产力基本要素——劳动者、劳动资料与劳动对象。推动生产力三要素之间的优化组合与协同升级（即通过技术创新、制度完善等实现全要素生产率的大幅提升），日益成为提升新质生产力的重要途径。

发展新质生产力必须加强科技创新，形成新产业、新模式、新动能。数字时代下的平台化大生产，作为一种新型社会化大生产形式，不仅优化了劳动者、劳动资料以及劳动对象等生产要素的配置组合，还推动了这些要素的数字化转型，实现生产要素的更新跃升，是新质生产力发展的一种新模式。因此，数字平台化大生产，一方面，依靠数字技术等手段，使劳动者、劳动资料以及劳动对象三要素的生产配置得以优化、数字化转型得以实现，从而促进新质生产力发展；另一方面，当数字平台凭借其垄断地位，将很多具有公共属性的数据要素据为己有，数据要素作为一种越来越重要的新型生产资料，越发集中到数字资本手中，不利于新质生产力发展。显然，数字平台作为数字技术创新之下的一种社会化大生产新型模式，既体现出了有利于新质生产力发展的生产要素优化（劳动者、劳动资料以及劳动对象）优势，又表现

[①] 俞使超：《新质生产力与社会主义资本修复辩证关系研究》，《社会科学家》2024年第4期；付敏杰、李绪恒：《"新质生产力"的政策脉络、政策逻辑和政策重点》，《河北大学学报》（哲学社会科学版）2024年第4期。

[②] 姜耀东：《数智时代认识新质生产力的三维向度——基于马克思物质生产理论》，《河北大学学报》（哲学社会科学版）2024年第4期；钟彬、张涵：《习近平关于新质生产力的重要论述及实践要求》，《商业经济研究》2024年第12期。

[③] 裴广一、林小钰：《新质生产力推动海南高质量发展：现实依据、重要意义和实践路径》，《海南大学学报》（人文社会科学版）2024年6月24日（知网平台在线公开时间）。

出了不利于新质生产力发展的数据要素垄断（作为劳动对象的数据要素）本性，呈现出"一面是天使，一面是魔鬼"的两面性，是一种新质生产力发展的"吊诡"现象，本章对此展开深入分析。

第二节　数字平台的生产组织特性

　　新质生产力以劳动者、劳动资料、劳动对象及其优化组合的跃升为基本内涵之一。数字平台是一种以数字化技术为基础的新型交易模式或者资源配置组织形式。它通过连接不同资源与要素，促进交易与互动，为用户创造价值。生产力的发展进程实际上就是技术生产力由初级向高级、由滞后向领先转变的历史。马克斯·韦伯指出："倘若没有生产工具的革命，发展可能已经停止。"[①] 互联网作为 20 世纪最伟大的发明，推动了第三次信息技术革命和第四次智能化革命，凭借交互性、及时性、覆盖面广、渗透性强等特点，互联网被广泛应用于生产、生活各领域，依托互联网的高效率，形成了以互联网为基础的数字平台。数字平台作为一种新型的生产组织，形成对内优化资源配置、对外促进跨界融通与产业升级的态势，推动社会经济整体发展。

　　数字平台作为数字经济的重要载体，本身就是各类创新技术与创新理念的集合体，对以创新为生命的新质生产力具有天然的

[①] ［德］马克斯·韦伯：《世界经济简史》，李慧泉译，立信会计出版社 2018 年版，第 250 页。

"亲和力"，为新质生产力的形成和发展提供了重要基础条件。一方面，数字平台为新质生产力的发展提供了广阔的市场，相较于传统的商品、要素等实体市场，平台是基于网络技术的虚拟空间，具有典型的多边市场特征，平台掌握用户数据，广泛聚集社会资源，并且具有庞大的用户规模和多样化的客户群体。这种多对多的生产和销售模式，允许多个市场同时生产、交易，使经济来往更加高效便捷。另一方面，数字平台为新质生产力发展提供了丰富的劳动对象——数据资源，新质生产力的"新"也体现在新的生产要素即数据要素上。

数据要素是数字平台发展的重要价值资源之一。用户在使用平台过程中会留下使用痕迹，平台借助算法对用户数据进行收集整理，随着时间的推移，数据已经成为平台生产中最重要的要素资源。此外，数据具有传统生产要素所不具备的特性。第一，数据要素具有虚拟性。与土地、资本等劳动要素不同，数据没有物理空间与地域的限制，能够被电脑等硬件快速存储与运输，这与传统的物流运输相比，节省了大量时间，显著提高了运输效率。第二，数据具有非消耗性。土地、资本等会面临折旧的问题，但数据不会，同一数据可以反复使用，不会因为使用次数的增多而减损，打破了传统生产要素有限供给对生产发展的限制。第三，数据要素还有高流动性。与传统生产要素相比较，数据的流通成本极低，其跨时空的高效运输方式大大降低了数据交换的时间成本与经济成本。正是由于数据的高流动性，它成为数字经济发展中不可或缺的关键要素，极大地推动信息交流、资源共享和经济活动的高效运作。因此，以数据要素为核心生产资料的数字平台，其所主导的社会化大生产代表了更先进的生产力发展方向，成为生产力进步的重要里程碑。由此可见，发展以创新为核心的新质生产力，需要数字平台发挥引领性和支撑性作用。[①]

第三节　数字平台推动生产要素优化配置

生产要素的配置方式直接影响着生产力发展水平。马克思曾在《资本论》中强调生产力要素"在彼此分离的情况下只在可能性上是生产因素。凡要进行生产，它们就必须结合起来"[②]。为适应数字时代社会化大生产需求而诞生的数字平台，全方位提升了生产要素配置效率。

数字平台通过优化配置劳动三要素提升效率。这种配置效率的提升，主要得益于商业资本的引导和数字平台对广泛商品信息的掌握。生产力是人们生产物质资料的能力，包括人的因素、物的因素，以及科技和生产中的生产组织方式。[③] 在传统的资本主义工业大生产中，个体合作生产，分工明确，大量工人在同一时间、同一空间内生产同种商品，在同一资本家的指挥下劳动。[④] 各生产要素以单一结构、简单方式按照一定比例机械组合，要素投入规模是影响生产力效能的主要因素。[⑤] 新质生产力要求

[①] 刘志彪、凌永辉、孙瑞东：《新质生产力下产业发展方向与战略——以江苏为例》，《南京社会科学》2023年第11期。

[②]《马克思恩格斯文集》第6卷，人民出版社2009年版，第44页。

[③] 马昀、卫兴华：《用唯物史观科学把握生产力的历史作用》，《中国社会科学》2013年第11期。

[④] ［德］马克思：《资本论》第1卷，人民出版社2018年版，第374页。

[⑤] 郭朝先、方澳：《要素视角下新质生产力的内涵机理与跃升路径》，《广西社会科学》2024年第3期。

通过促进劳动者、生产资料和劳动对象等多元要素的重组与优化，从而提高效率，实现生产力质的飞跃。在数字平台为主导的社会化大生产过程中，借助于数字技术和数据，市场变得更加多样化。生产者能够利用数字技术预先分析消费者需求，他们比消费者更加了解自身需求，从而缩小了生产与消费之间的边界，实现了实时对接。随着商品化程度的加深，生产社会化的效率也不断提高，使得企业能够更加灵活地适应市场的快速变化和消费者多样化的个性需求，从而更有效地维持供需双方的动态平衡。这种生产模式极大地解决了传统社会化大生产盲目追求利润带来的资源浪费，同时更好地适应数字时代消费者需求。配置效率的提升，使我们摆脱了传统经济增长路径，推动了新质生产力下新型业态的发展。

　　数字平台拓展了生产三要素的应用场景。在工业资本主义阶段，工厂是核心劳动场地，劳作时长遵循统一的标准工时制度。迈入数字经济时代后，人们的工作场域、劳动时长、劳作氛围及周围环境更具弹性与自主性。一方面，数字平台冲破了传统劳动模式中时间与空间的界限，提高了人力资源的配置效能和劳动者的自主性；另一方面，工作者更趋向于追求灵活、多元、个性化的价值观，注重自由与平等、工作与生活的平衡。他们努力实现个人价值目标，体现了新时代的自主精神、自尊心和自信心，该平台提供了一个实现这些目标的舞台。此外，在数字时代，劳动资料和劳动对象已经转变为数字技术和数据要素。数字平台通过确立平台的理念与宗旨、规划功能及业务、打造坚实的技术基础等，给用户提供优质服务与体验，保障平台的平稳运行和顺利发展，为要素优化组合创造条件。比如，在规划平台的功能及业务时，构建者需要依托先进的技术，打造系统化的用户体验，涉及用户界面、交易流程和数据管理等多个应用场景。总体来看，打造一个成功的平台，构建者需具备全方位的规划、执行能力以及创新思维以构造更好的应用场景。[①] 在这一构建过程中，平台既满足用户的个性化需求，还同时收集用户数据，将这些数据转化为平台运营的资本。至此，数字平台凭借数字技术把生产力的三要素整合在一起，不仅为自身的发展提供了强大动力，而且顺应了数字时代生产力发展的新趋势。尤其是数据要素，它正引领技术、资本、劳动力、土地等传统生产要素经历一场深刻的变革和优化提升，为经济发展带来增强和累积效应。伴随着数据要素的融入与积累，它不仅助力了新质生产力的成长，也对构建与之适应的新型生产关系提出了更高要求。

数字平台通过优化要素组合，提高生产效率与质量。这一提高，主要体现于产业资本控制的数字平台，尤其是在生产领域。在生产效率上，数字平台主导下的社会化大生产效率更高，通过大数据的分析可以实现生产资料优化分配。数字技术与制造业的深度整合推动了智能化和个性化生产的兴起。在工业互联网的智能制造平台支持下，企业能够依托实时的大数据分析，实现按需定制生产，优化生产要素配置，灵活调整生产计划，以及实现产能的灵活扩展，达到零库存的目标。在这一背景下，企业在搜索、复制、追踪、验证等方面的成本显著降低，而研发、采购、制造、库存、运输、营销等环节的效率则得到显著提高。相较于历史上的技术革

---

① 钱贵明、阳镇、陈劲：《数字平台视角下新质生产力的形成机制与推进策略》，《西安交通大学学报》（社会科学版）2024 年第 5 期。

新，智能化和定制化生产在供需平衡方面展现出显著优势，其中数据作为一种新兴的生产要素扮演了关键角色。依托于大数据技术的应用，工业互联网得以打破时间和空间的界限，能够与组织内部不同层级的业务活动和流程实现个性化的动态匹配，有效调度和优化配置各种生产要素，推动产业链的协调发展。在生产质量上，数字技术的支撑使得数据要素在供需两端之间搭建了桥梁，促使企业的生产模式从大规模标准化生产逐步转型为定制化甚至个性化定制生产。新质生产力的关键在"质"。这个"质"既是本质的"质"，依靠创新驱动形成的生产力，区别于大量消耗资源能源的生产力；也是品质的"质"，以高品质生产力的形式，满足高质量的需求。数字平台既为三要素优化组合提供了应用场景，还在生产过程中跳出了传统模式，节约了生产资料，满足了消费者多样化的需求，并为新质生产力的发展带来了高效率和高质量。

第四节　数字平台助力生产要素更新跃升

马克思在《资本论》中指出，生产力代表着"生产能力及其要素的发展"，强调应从要素发展的视角来把握生产力的本质。[①]秉持这一理论脉络，习近平总书记在中共中央政治局第十一次集体学习时指出，"劳动者、劳动资料、劳动对象及其优化组合的跃升"是新质生产力的基本内涵之一。新质生产力是以科技创新为主导的生产力，标志着我国生产力质的跃迁，具有所涉领域

[①] 《马克思恩格斯文集》第 7 卷，人民出版社 2009 年版，第 1000 页。

新、技术含量高、依靠创新驱动等特征[1]，因而对生产要素也提出了更高要求。在马克思生产力理论中，生产力的三要素包括具有一定技能与经验的劳动者，以生产工具为主的劳动资料，以及参与生产过程的劳动对象。在数字平台引领下，这些要素必须实现全面的数字化转型升级，这将极大地促进新质生产力发展。

数字平台催生数字化劳动者。第一，数字平台能够为新质生产力发展提供高素质劳动者。高素质劳动者具备知识快速迭代能力、充分利用新技术能力、快速适应数智化机器设备能力。[2] 机器大工业时代，劳动者主要是流水线上的工人，不需要具备很强的学习能力，也没有很多的学习机会，工作内容简单重复，只有较小部分的智力劳动者能成为高级工程师。数字平台主导下的劳动者主要是数字化劳动者，他们必须具备一定的数字技术能力以适应平台工作需求。尤其是在平台工作的软件工程师要具备强大的知识储备与专业技能，在数字平台的工作要求倒逼之下，利用平台资源，为数字平台带来更大的利润，这也是平台视角下新质生产力发展的重要动力来源之一。第二，数字平台培养了一批"无间歇"劳动特性的数字化劳动者。建立在大数据模型基础上的数字劳动者与生物体意义上的劳动者相比，对新技术、新产业、新设备的适应性更强，可以突破传统劳动力和劳动者保护法规限制，是具备无间歇劳动特性的新型劳动力[3]，在资本逐利本性的驱使下，劳动者大大突破了自身劳动强度与劳动时长，持续

---

[1] 韩喜平、马丽娟：《新质生产力的政治经济学逻辑》，《当代经济研究》2024年第2期。
[2] 石建勋、徐玲：《加快形成新质生产力的重大战略意义及实现路径研究》，《财经问题研究》2024年第1期。
[3] 张万里：《数字经济驱动新质生产力发展：逻辑前提、内在机制与实现路径》，《学习论坛》2024年第5期。

为平台带来价值。在数字平台的劳动机制之下，很大一部分劳动者成为"数字零工"。"数字零工"由于没有明确的雇佣合同，表现出明显的去雇佣性特点，大大降低了平台资本的生产成本，因而受到平台资本青睐。

数字平台拓展数字化劳动资料。数字平台推动劳动资料的范围和种类拓展，为新质生产力发展提供新型劳动资料。马克思指出，"劳动资料不仅是人类劳动力发展的测量器，而且是劳动借以进行的社会关系的指示器"①。劳动工具的变革是区分一个社会经济时代和劳动形态的标尺。不同于机器大工业时代的工厂劳动和机器劳动，平台推动下的社会化大生产依托大数据、云计算、人工智能等新型技术载体，极大地便利和加速了人类的生产与生活过程。劳动资料的形态已经从传统的有形生产工具转变为无形的符号和数字技术。劳动者利用数字技术对平台生成的大量数据信息进行深入整理、分析、加工和创新，实现了劳动成果的综合性应用。劳动工具的数字化转型和技术化特征日益明显，极大地提升了生产效率，这也为以创新为核心的新质生产力发展奠定了全新的劳动资料基础。

数字平台扩展了数字化劳动对象的范畴。平台推动下数据要素成为最重要的劳动对象，也是新质生产力发展的重要要素。平台经济的作用原理是数字化劳动者运用数字技术作用于数据要素等劳动对象，即专业技术人员运用大数据等对平台数据进行整理、分析与挖掘，这不仅直接将数据作为要素生产数据商品，还能增强其他劳动要素的数据能力，发挥乘数效用，从而实现数据

---

① ［德］马克思：《资本论》第1卷，人民出版社2018年版，第210页。

价值最大化。数据要素的这种低成本、反复使用、报酬递增等特点以及乘数效应，有利于实现最优化配置与最大化生产效率，从而提高全要素生产率，加快新质生产力发展。为了促进新质生产力的发展，我们需要高效利用数据资源，拓宽应用领域，并借助数字技术的力量，促进数据要素与劳动力、劳动资料等其他生产要素的融合发展，并引领技术、资金、人才和物资的流动，进而提升整体的全要素生产率，充分发挥数据要素的潜力。①

第五节　数字平台垄断数据要素本性

数字经济时代，数据成为重要的生产要素。伴随数字平台日益成为社会化生产/交易的主导力量，数据的价值逐步凸显，它不仅直接推动数字产品的研发与创新，还能通过提高其他要素效能、优化生产要素配置、加速技术创新等多元化途径，显著提升生产效率，从而助力具有全新特质的生产力不断发展，为经济发展注入新的活力与动能。然而，在平台主导的新型生产组织模式下，数字平台的技术特性和数据要素在数字经济中的核心价值，往往导致数据要素被平台所掌控，进而出现数据要素的垄断局面。这种数据要素的垄断显然阻碍了新质生产力的健康发展。

一　数字平台垄断数据要素导致资本无序扩张

数字平台垄断化趋势明显，数据要素私有导致资本无序扩张。

---

① 戚聿东：《深度赋能劳动者、劳动资料和劳动对象、发展新质生产力要发挥数字技术作用》，《人民日报》2024年6月4日第9版。

以共享性数字平台为例。在购物领域，主要有 Amazon、京东、淘宝；在搜索领域，主要有 Google、百度、360 等；在外卖领域，主要有 DoorDash、美团、饿了么；在出行领域，主要有 Uber、滴滴、高德，等等。由这些如雷贯耳的公司名称可见，涉及广大民生领域，无论国内还是国外，几乎都被几家大型电商平台垄断了整个行业市场，"要么平台，要么乌有"，整个社会垄断特征明显。这是由于在数字经济时代，数据成为继土地、资本、劳动、技术后的第五大生产要素。[①] 通过收集和分析数据，数字平台能够深入洞察消费者需求，实现精细化生产，从而显著提升生产效率并节省生产资源。一旦平台垄断了数据要素，它们便能够同时控制生产者和引导消费者，实现数字平台价值最大化。数据要素在新质生产力发展中扮演着至关重要的角色，它推动着生产方式的革新和经济增长模式的转型，是新质生产力发展的内在动力之一，掌握数据意味着掌握了发展的主动权。但是在数字资本的逐利动机驱使下，数字平台变成了平台资本剥削的新场域，为了获取用户数据，强迫用户在不知情的情况下与平台签订隐私协议，通过记录和提取平台用户的在线行为和互动相关的所有数据，将数据作为商品直接打包出售给其他平台公司，或者当作生产资料用于数据产品的深加工并应用于生产、消费的众多领域。

数字平台价值具有马太效应。数字平台的价值在很大程度上依赖于所产生的数据要素。随着平台用户数量的增长，一方面，庞大的用户基础带来了丰富的信息资源，提升了平台对其他用户

[①] 黄凯南：《数据生产要素论对经济学理论创新的重要影响》，《光明日报》2024 年 1 月 6 日第 11 版。

的吸引力；另一方面，平台控制了越来越丰富的数据要素，进而吸引了更多的生产资源，能够聚集更多的生产要素。[1] 此外，平台在使用过程中的"路径依赖"特性，具有显著的马太效应。在这种情况下，为始终保持竞争地位，平台资本利用其自身技术优势，更加垄断数据这一关键生产要素。数据要素作为数字经济时代的核心生产要素，只有实现自由流通和共享，才能发挥其最大潜力，进而促进新质生产力的蓬勃发展。然而，数据要素被平台资本垄断，数据流通的壁垒增加，形成"数据孤岛"，不仅阻碍数据的有效利用与价值的最大化，也在一定程度上阻碍了以数据为关键生产要素的新技术的研发，最终不利于新质生产力的发展。

二 数字平台垄断数据要素挤压传统经济发展空间

数字平台资本倚仗数据要素垄断地位，挤压传统实体经济发展空间。平台资本通过大规模跨行业投资，扩张市场，凭借数据优势迅速建立起垄断地位，形成几家独大的寡头格局，在本行业挤压竞争对手。在寡头格局中，平台资本的集中化使得少部分头部企业占据了主导地位，给整个社会资本的内在结构和存在秩序带来了严峻的挑战。这一现象实际上反映了一种新兴的剩余价值占有形态[2]，平台资本作为一种新兴的资本形态，凭借数字平台的数据垄断优势，可能直接向产业资本索取过度的剩余价值，随

---

[1] 向东旭：《唯物史观视域下的数字资本逻辑批判》，《当代世界与社会主义》2021年第6期。
[2] 魏旭：《数字资本主义下的价值生产、度量与分配——对"价值规律失效论"的批判》，《马克思主义研究》2021年第2期。

着平台资本的崛起，产业资本不得不依赖平台来实现价值，从而不得不让渡一部分剩余价值给平台[1]，"过度"的剩余价值索取会造成对实体经济的伤害，致使实体经济萎缩。此外，金融资本也受到了冲击，传统银行业务面临着前所未有的挑战[2]，金融资本可能不得不与平台资本沆瀣一气，来实现对产业资本更严厉的剩余价值索取。随着平台私人资本的兴起，资本结构随之调整，这种趋势可能导致实体经济与虚拟经济之间的失衡，提升平台资本形成垄断的风险，从而加大经济危机发生的可能性。新质生产力的形成依赖于实体经济的坚实基础，其核心动力在于创新，而其承载实体则是实体经济。

加快构建新质生产力的产业承载体系，成为目前实体产业经济发展的关键任务。这不仅为实体经济的前进路径提供了明确指引[3]，也进一步凸显了实体经济在推动新质生产力发展过程中的关键地位，是其发展的方向和经济基础。但是数字平台对剩余价值的过度索取，造成对传统实体经济的发展空间（这从当前大量的中小企业破产、线下实体门店的倒闭潮可见一斑）的挤压。而数字平台垄断数据要素对实体经济的挤压，会动摇新质生产力的发展根基，阻碍新质生产力发展。

三 数字平台垄断数据要素限制市场创新

数字平台几乎实现了衣食住行等生活领域的全面垄断。以国

---

[1] 乔晓楠、郗艳萍：《数字经济与资本主义生产方式的重塑——一个政治经济学的视角》，《当代经济研究》2019年第5期。
[2] 蓝江：《一般数据、虚体、数字资本——数字资本主义的三重逻辑》，《哲学研究》2018年第3期。
[3] 光明网：《新质生产力：实体经济高质量发展新方向》，2024年1月7日，https://theory.gmw.cn/2024-01/07/content_37075312.htm。

内互联网领域为例,腾讯、百度等巨头主导了市场。在平时工作学习时,用户依赖这些平台寻找资源,使用过程中的数据被平台收集整理再利用,转变成平台的数据资源。在数字经济时代,数据作为数字化、网络化、智能化的基石,正迅速渗透到生产和生活的各个方面,深刻地转变了人类的生产模式、生活习惯、思维方式以及社会治理模式。数据要素尤其促进了技术、资本、劳动力、土地等传统生产要素的深层次变革和优化提升,为经济发展注入动力。然而,数据垄断使数字平台丧失了创新动力,具有垄断地位的平台只需要"躺平"即可收获超额利润。在数据正反馈循环模式下,平台持续积累数据,形成规模经济和范围经济,构筑较高的市场进入壁垒。平台资本为了始终保持自身在领域的垄断地位,更加独占数据资源,防止数据外流,并采取各种手段对付潜在的竞争者,无论是将其纳入麾下,还是扼杀在摇篮之中。这不仅导致平台自身丧失创新动力,而且也将其他外在创新威胁消弭于无形,造成整个市场主体成为平台的附庸,被其利用和剥削。

新质生产力需要一个充满活力的创新性市场,并且新质生产力的本质是以创新为核心的生产力,依赖于全国统一大市场的构建目标,依赖于关键技术的创新性突破,如此等等,都需要一个充分竞争的市场。理论上,在数字时代,平台主导下的社会化大生产要求市场具有统一性、开放性、竞争性和有序性[①],但是数字平台的内生垄断"劣根性"却导致了寡头垄断竞争的局面。显

---

① 曾雄:《全国统一大市场建设背景下平台数据垄断的成因分析及行业规制路径创新》,《中国科技论坛》2024年第7期。

然，这种状况与促进新质生产力发展所需的创新突破背道而驰，阻碍了新质生产力的向前发展。

四 数字平台垄断数据要素损害消费者合法权益

数字平台通过垄断数据要素，恣意损害消费者合法权益。一方面平台不仅垄断衣食住行几乎所有领域，消费者的选择受到平台的诱导甚至限制。在经常性的所谓"消费节"的鼓噪之下，鼓励消费者过度消费；进一步，消费者在选择性和服务质量方面受到限制，极端之下平台甚至利用其控制的消费数据，利用大数据"杀熟"，追求数字平台的利润最大化。另一方面，平台无偿占有消费者的数据，通过垄断数据要素从而控制生产生活各个领域，消费者消费渠道也被垄断。用户在使用平台过程中产生的浏览痕迹被平台无偿占有，数据可能被直接转卖，或者进一步加工成数据产品，服务于数字平台利润最大化。如此种种，在这些过程中，用户自身的合法权益被损害，却往往找不到合法途径维权，数字平台通过引导休闲娱乐、社交媒体以及购物消费等"产消一体"的活动，培养了无数给数字平台免费生产数据要素的"数字玩工"，这些群体的合法权益都为其所损害。

新质生产力作为创新起主导作用的先进生产力质态，提升了生产效率，推动了经济转型升级。与此同时，消费高质量发展则是满足人民日益增长的美好生活需要、推动经济循环畅通的关键环节。只有消费者在需求侧不断产生高水平的需求时，才能形成可持续的新质生产力；只有消费者与新质生产力发展之间呈现良性互动的关系，新质生产力的发展才会拥有广大的消费者群体，全国统一大市场的建立才会畅通无阻，经济高质量发展才会实现。

第六节 本章小结

本章的简要分析逻辑，如图9-1所示。

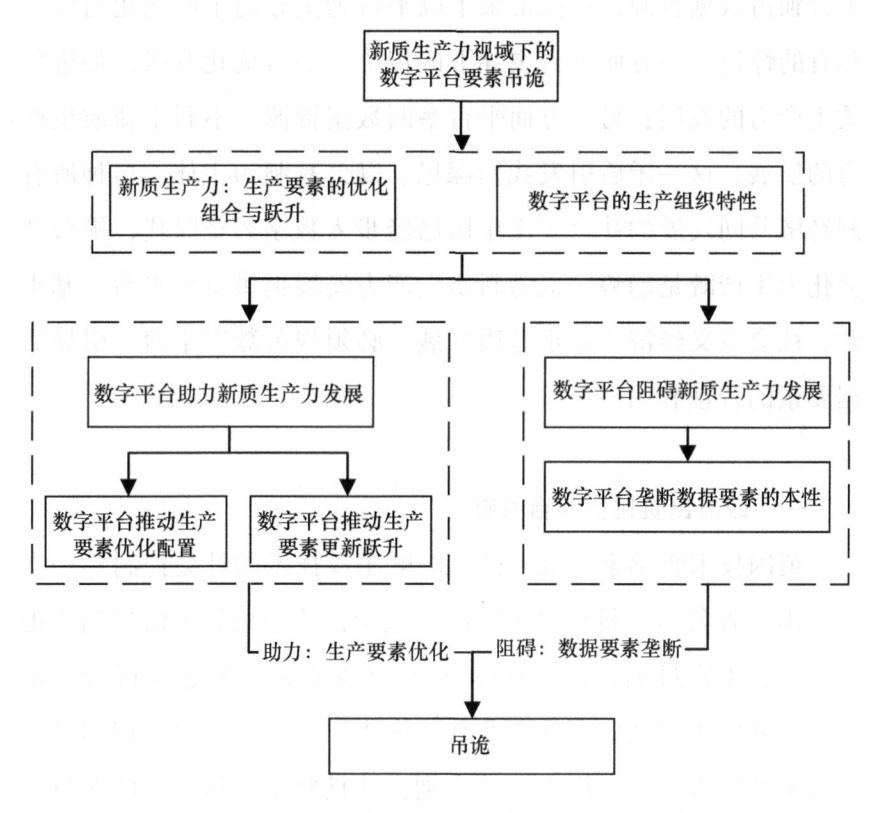

图9-1 新质生产力视域下的数字平台要素吊诡

尼葛洛庞帝在《数字化生存》中曾指出，数字化生存的四大特征是"分散权力、全球化、追求和谐和赋予权力"[①]。然而，当

---

① [美]尼拉古·尼葛洛庞帝：《数字化生存》，胡泳、范海燕译，电子工业出版社2017年版，第229页。

他预言的数字化生存正在实现时，我们发现当代社会与他预言的社会越来越远。数字经济时代，以平台为主导的社会化大生产带来了传统生产三要素的优化升级，三要素的优化组合为新质生产力发展提供了发展支撑，但是与此同时，平台垄断化趋势明显，平台独占数据资源，这就带来了以平台为主导的生产优化与要素私有的悖论。一方面平台主导下的传统三要素优化升级，促进新质生产力的发展；另一方面平台垄断数据资源，不利于新质生产力的发展，这一矛盾引发我们深思。以公有制为主体、多种所有制经济共同发展的社会主义中国已经步入数字经济时代，平台社会化大生产既是趋势，也为新质生产力发展提供重要平台，基于此，社会主义经济要稳定健康发展，必须规范数字平台，引导数据要素的合理利用。

一　政府出资民生平台共有

英国技术哲学家大卫·科林格里在《技术的社会控制》一书中提出了著名的"科林里奇困境"理论，认为对技术的控制要把握火候，不宜过迟，也不宜过早。[1] 马克思最早阐述了区分技术本身与其资本主义应用的必要性，他指出，工人需要认识到机器和技术的资本主义运用之间的区别，并且要学会将自己的斗争焦点从物质生产资料本身转向这些资料的社会使用形式，这需要一定的时间和经验积累。[2] 平台社会大生产依赖数字技术，数字技术背后是计算机专业人员，数字技术方便了人们日常生活与工作，极

---

[1] Collinggridge D., *The Social Control of Technology*, London: Frances Pinter, 1980, p. 23.

[2] [德] 马克思：《资本论》第 1 卷，人民出版社 2018 年版，第 493 页。

大地节省了生产时间。现今我国吃穿住行几乎被数字平台垄断，垄断产生的很大一部分原因在于平台所需技术、资金是普通小公司所不能承担的，且数字平台和银行金融机构类似，需要良好声誉和可信度。鉴于此，国家可以在核心技术、关键民生领域成立国家共有平台，如铁路部门的 12306、中石化的易捷加油等，相关领域也可由政府出资，确保平台所有权掌握在国家手中。在平台使用过程中产生的数据经用户同意方可使用，采用此方式，就可以尽量减少平台垄断问题。中国是以公有制为主体、多种所有制经济共同发展的社会主义国家。除政府出资设立平台，也可以由政府控股，允许多种所有制企业参与，如此，既可以保证平台所有权归国家所有，又可充分激发市场活力。

二　完善平台监管相关法律法规

市场中数字平台几家独大的局面，一方面源于平台建立初期对巨额资金的依赖和良好信誉的积累；另一方面则是因为这些平台成功抢占市场先机，拥有较大的市场份额，逐渐形成了垄断化的趋势。因此，要完善平台监管体系，必须从打破平台垄断着手。随着平台的迅速发展，相关平台监管法律也在不断完善，但是平台行业监管尚未完全落实。一方面，政府部门要加强执法力度并细化相关法律，确保法律落地落实。首先，对于违规违法和触碰国家底线的平台经营活动，必须采取"零容忍"的态度，坚决依法取缔。[①] 再者，应细化行为准则，针对平台之间、平台与

---

① 李玉梅、高鹤鹏、陈洋毅等：《中国平台经济的现状、意义、问题及对策》，《华东经济管理》2024 年第 5 期。

平台商家之间、平台与消费者之间三类不同主体，政府法规应从维护三者利益出发，对平台垄断行为进行界定，明确垄断行为，清晰划分非法行为与合法行为边界。对于平台之间的竞争，政府部门可以直接监管。平台与平台内商家之间的信任危机，使得双方在构建交易联系时易出现交易条件不公的现象①，政府可以借助独立第三方主体对双方交易行为实施审核。对于平台与消费者之间的纠纷，政府可以成立专门的类似消费者协会的维权机构，专门负责处理平台与消费者之间的侵权事宜。另一方面，鼓励新的平台入驻，给予小型平台政策优惠。健全市场准入，推动市场多元化发展，在涉及广大民生领域，政府可以通过税收优惠或者贷款补贴等方式扶持小型平台，以此维护市场多元化发展，缓解大的平台长期垄断压力，保证消费者多渠道消费。

三　做好数据确权与共享

平台化生产组织的核心要素包括数据、算法和算力。算法和算力由于受到人为控制，流通性较低，因此相对容易监管，但数据因其及时性和高流通性而难以监管。只有对数据明确监管，才能解决平台私有的困境。这不仅需要政府部门的强化管理，还依赖于公众提升防范数据隐私泄露意识。政府部门可以成立专门的学习平台，类似青年大学习平台，强制落实到学校、工作单位、社区，并每期收集学习数据，在全社会形成保护隐私的良好风气。再者，数据既是平台生产的主要资料，也是劳动对象，且数

---

① 陈可、刘春彦：《网络销售类平台滥用市场力量的监管路径分析》，《同济大学学报》（社会科学版）2024 年第 3 期。

据也是新质生产力发展的重要组成部分。但是，平台资本凭借平台所有权无偿获取用户数据，而用户在使用过程中产生的数据的所有权归属问题存在争议，要走出平台生产优化与要素私有之间的困境，就要解决数据要数所有权的问题。数据是数字经济中的生产要素，数字经济循环的动力来自数据流通，确保数据合法、有序流通的关键在于数据确权[①]，所以确立数据所有权是重要突破点。政府可以成立大数据管理中心，要求所有平台数据必须上传大数据管理中心，并建立公共数据分类分级授权机制，根据公共数据的类别和级别实施不同的授权策略。对数据进行等级划分和类别归纳，有助于优化公共数据的管理与开发流程，从而在授权运营公共数据时有效降低潜在风险。[②] 对不涉及国家机密与个人隐私的数据，我们应当鼓励其反复利用，并建立类似"学习强国"的平台，以促进数据的共享和利用。

[①] 黄伟庆：《数字经济循环中的数据流通与确权：基于平台治理视角的规范化展开》，《改革与战略》2024年第3期。

[②] 周秀娟、王亚：《公共数据授权运营的范式考察与完善路径》，《电子科技大学学报》（社会科学版）2023年第3期。

第十章

数字平台发展的中国启示

"哲学家们只是用不同的方式解释世界，问题在于改变世界。"[①] 对于数字资本和数字零工的研究并不只是为了从理论层面进行分析，根本目的在于基于这一客观和辩证研究成果，探究其在推动数字经济发展、助力人类解放中所具有的积极作用，服务中国特色社会主义发展才是开展理论研究的实践旨归。当今世界正经历百年未有之大变局，数字经济日益成为影响全球的重要力量。作为尚处于社会主义初级阶段的中国，生产力发展水平相对落后的国情表明，发展生产力是第一要务。公有制为主体、多种所有制并存映射了资本及其要素将在很长一段时间内存在，数字平台已成主流的生产组织形式、商业组织形式以及二者的混合生态系统。在此背景下，如何正确看待和利用数字资本，发展和壮大数字平台，形成在全球竞争中的数字竞争力，是亟待解决的重要课题。

[①] 《马克思恩格斯文集》第1卷，人民出版社2009年版，第502页。

第一节 数字资本逐利本性的社会主义抑制路径

作为数字经济时代的特有产物，数字资本的出现虽然极大地推动了我国社会生产力的发展，但同样也存在因资本逐利而产生的权益侵害与垄断问题。为了更有效地解决这一问题，我国必须立足社会主义建设和发展实际，从体系建设和制度架构层面着手，通过建设数字资本运行和反哺体系，建立具有中国特色的社会主义数字资本市场运行体制机制，从而加强对数字资本逐利本性的抑制。

一 建设数字资本运行与反哺体系

抑制数字资本逐利本性，防止数字资本借由数字技术无序扩张，必须加快建设社会主义制度下数字资本运行和反哺体系。首先，国家要加快推进数字资本发展规划和远景目标的制定，规划好数字资本相关产业发展的方向，明确回答我国数字资本向何处去的问题，从而达到推进利用数字资本建设社会主义的目标导向。其次，基层党组织要不断壮大数字企业中的党员队伍和基层党组织建设，发挥中国共产党在企业中的政治建设、思想教育功能，在政治上依托党组织开展企业自查，在思想上开展企业家精神等相关思想政治教育，从企业内部着手杜绝侵害劳动者权益、市场垄断行为的发生，协助企业树立良好形象。再次，平台企业与政府要积极探索平台社会主义运营模式。在中国特色社会主义引领和中国共产党领导下，由具有社会主义法人治理结构的新型市场主体，如国有企业等，借助平台对数据收集、筛选、分析、调控等手段，向民众提供数字化服务或商品，以期实现经济共享运营、人民共同富裕目标的一种经济发展模式。[①] 最后，政府要加快推进将数字平台企业纳入第三次分配实践主体范畴。对于利润的使用和分配，由国家在传统满足资本增殖需要的基础上，按照按劳分配为主体、多种分配方式并存的分配制度进行统一分配。同时，通过政策激励和官方推广等方式，引导数字企业承担社会责任，通过慈善捐款、招商引资等方式协助中西部地区经济发展和公共事业建设，有效改善区域、群体间收入差距。

二 架构社会主义数字资本市场体制

抑制数字资本逐利本性，除了需要依靠政府来建设运行和反哺体系加以限制，还需要具有中国特色的社会主义数字资本市场来引导其良性运行。首先，通过确立资本监察和管理制度，打造公平开放、竞争有序的数字资本市场，将数据、数字技术等数字资本相关要素置于社会主义市场经济体制下的数字资本市场中加以配置，借由"有为政府"和"有效市场"进行管控，进而实现对资本的有效引导，从源头上遏制数字垄断和寡头的形成。其次，对于数字资本所创造出的利润，由政府根据市场价值规律设立利润红线和准绳，将其利润所得调控在合理范围，既能有效满足数字资本增殖和循环需要，发挥数字资本的能动性，同时也能

---

① 马云志、王寅：《平台资本主义批判和重构平台社会主义——数字时代对平台经济的新运思》，《河北学刊》2022 年第 1 期。

够保障数字劳动者权益。再次，依托市场监管部门建立数字企业治理服务平台，对数字资本运作过程存在的隐性壁垒进行惩戒和公示，并且联合数字平台企业巨头联合打造数字平台和企业诚信体制机制，对存在失信问题的企业取消市场准入，列入失信名单，保障市场有序竞争。最后，必须充分利用社会主义市场经济建设的有益成果，将资本纳入文明的笼子，驯服其野性。在"十四五"规划和2035年远景目标等有计划地引导资本为社会主义服务基础上，根据数字资本发展中的要素特殊性，坚持分类指导、精准施控的原则，加快推进完善以按劳分配为主体、多种分配方式并存的分配制度，健全生产要素按贡献决定报酬的机制，在社会主义市场经济发展的过程中不断探索和设定及细化数字资本运行的清晰透明规则和科学合理边界。

第二节　数字资本要素效率性的社会主义发扬路径

我国仍处于社会主义初级阶段，公有制为主体、多种所有制经济共同发展，数字资本等还将在很长时间和范围内存在，如何在既利用又限制数字资本的情况下，创造和解放生产力是时代之问和发展所需。对此，需要在全面辩证地看待和认识数字资本的基础上，认清数字资本发展的规律性，把握其高效开放的要素特殊性。社会主义制度下充分发挥资本要素的积极作用，必须通过加快完善数据要素所有与分配制度，加强坚持劳动主体导向的数字技术研发，发扬数字资本的要素效率性。

一　加快完善数据要素的所有与分配

一方面，要从所有制层面发力，加快界定数据要素产权归属。由政府主导联合相关部门和企业构建数据库平台，将由广大劳动者生产出的劳动数据纳入公有范畴，推进建设"数据公地"，以此加强对数据资源的整合和安全保护，并在此基础上建立起一套具有中国特色的数据管理方式。其一，对其中的非安全需要数据，政府可对公民开放获取渠道，如国家统计局的历年统计数据可以免费获取等，建立起数据资源共享机制，有效保障公民权益。其二，对于数字平台自行收集的相关数据，可以充分发挥数据的可复制性优势，在政府备份前提下，允许企业用于商用，创造经济效益，同时也能为政府公用提供数据要素，依托政府来帮助企业承担社会责任，反哺社会和人民。

另一方面，数据要素管理，还应关注分配领域。在分配方式上，进一步完善收入分配制度，自党的十九届四中全会提出将数据作为生产要素参与分配以来，我国就一直高度重视数据生产要素分配方式完善，对此可以从市场和政府两方面来推进。就市场而言，要加快推进数据要素市场建设。其一，建立数据要素登记平台，依托区块链技术为数据要素建立准入公证，通过提供"数据来源证明""数据产权授予知情书"等形式来保障数据交易的合法化。其二，在能够清楚审定数据产权的基础上，建立数据要素资产认定标准，对数据要素质量、市场价值和风险进行综合评估，从而为推进企业数据要素入股和数据绩效评定提供保障。其三，在充分建立起数据产权认定、资产审定等基础上，借鉴证券、股票管理模式推进数据市场成熟化。于政府而言，要从增加财政收入和加大转移支付力度两方面推进二次分配。首先，要加紧为数据要素量身定制税收支付，从数据交易环节增收数据消费税，从数字平台企业方面增收数据商品税和服务税等，通过税收调节来改善收入分配格局，与此同时，还要加快数据相关政策法律法规建设，严惩违法失信平台企业，通过没收数据和违法所得、取消准入、处以罚款等方式提升企业失信成本。其次，政府要通过政府公开、数据公开，完善数字化基础设施、提供便民数字化设施等方式来推进公众权益保障补偿机制建设，改善数字鸿沟、收入失衡困境。

二 坚持数字技术研发劳动主体导向

推进数字化劳动技术研发，要坚持劳动主体导向。国家要使广大劳动者能够更为客观地看待数字技术、运用数字技术，成为数字技术的主人，从而保障全体劳动者权益。"在一切生产工具中，最强大的一种生产力是革命阶级本身。"[1] 作为人民民主专政的我国，保护全体社会主义劳动者是责任和义务，要想充分解放和发展生产力，就必须充分发挥广大劳动者的主人翁作用。一方面，政府相关部门与数字平台联合打造"点单式"和"订单式"技能培训服务平台，鼓励和引导广大劳动者提升个人劳动技能，培养数字技能型人才，针对数字劳动过程中可能出现的问题和所需知识、技能进行实操性演练，从而保障劳动者能够自主熟练解决劳动过程中的技术异化问题。同时，企业应当对劳动者在劳动过程中的有效性、高效性创新思想或方法给予适当奖励，通过绩

---

[1] 《马克思恩格斯文集》第 1 卷，人民出版社 2009 年版，第 655 页。

效考核、现金奖励等方式保障劳动者的主观能动性，通过不断改进劳动工具保障劳工安全性、自由性，为企业运行和发展提供大量高质劳动力，以期节约企业人力成本、提升经营效益，创造双赢局面。另一方面，国家应当加快完善数字劳动群体劳资关系认定，进一步修订《中华人民共和国劳动法》等相关法律法规，推进劳动局等劳动维权机构服务质量提升，运用数字化技术，如网上服务大厅、政务办 App 等提升劳动维权办事效率，深化"最多跑一趟"改革，简化劳动仲裁程序等。

第三节　正确规范与引导数字平台同实体经济融合发展

从数字平台自身的双重职能，以及对实体经济的双面作用来看，在数字时代要想实现数字经济高质量发展，必须构筑实体经济基础上的数字繁荣。在生产力水平尚不发达的我国，公有制为主体、多种所有制经济共同发展的基本经济制度决定了资本以及在其基础上发展而来的数字平台等要素还将在很长时间、很大范围内存在，数字平台的双重职能以及其带给实体经济的萎缩困境将成为必须面临的现实。基于上述研究，对中国数字时代平台经济发展，得出如下启示：推进数字平台与实体经济融合提出以下警示对策与展望。

一　加强对数字平台资本之弊的引导与规制

数字平台所展现出的二重资本职能中，由于受到资本增殖逻辑的影响，其在实际发展过程中表现产业资本向商业资本转化加剧、商业资本利润分割占比加剧的弊端。对此，必须从这两条主线出发，遏制数字平台的无限扩张趋势。一方面，要进一步完善平台企业的开办标准，市场监管部门应对平台企业的入驻资金配置、人员配置、主营业务与业务范围进行明确规定。同时，市场监管部门还应定期开展对企业业务流水的抽查与核验。例如主营网络直播业务的企业，应当明确其直播业务的主要领域，防止企业为了追求流量与利润，不断扩大其投资范围，从而挤兑其他行业发展。另一方面，政府可以联合平台行业协会，制定专门化平台监管部门。通过对大中小型平台企业开展实地调研与集中访谈，设定分区、分级的平台红利准线，防止企业在实际发展过程中出现不断抬高利润分割占比乃至垄断行为产生，对确实存在垄断等行为的企业，依据《中华人民共和国反垄断法》与《关于平台经济领域的反垄断指南》进行惩处，并纳入失信名单。

二 加强对数字平台要素治理的动员与促进

在国家大力提倡发展新质生产力的背景下，应当正确审视数字平台所蕴含的先进生产力。一方面，数字平台具有强大的资源动员能力，数字平台的强整合力使其能够高效整合社会各界闲散资源进行统一调度，是优化劳动力、劳动资料及其组合方式的重要工具。因此，要积极探索数字平台创新性运用模式研究，鼓励高校、地方与企业加强技术创新与融合路径创新，从现有实体企业生产过程中的机器设备、劳动者与人员配置等角度深入，探寻优化实体经济生产过程与生产方式的创新成果。另一方面，数字平台对就业有很大的促进作用。数字平台对生产方式影响最重要的便是实现了生产者的零工化转型。对此，政府部门应当加快推动建设灵活就业的劳动力市场，为零工群体就业提供有效的就业指导和维权渠道。要通过在各级设立零工就业服务站，配置专门化人员，为零工提供就业咨询、法律援助和便民服务。在此基础上，依托《新就业形态劳动者休息和劳动报酬权益保障指引》等相关文件，坚持分类指导、精准施控原则，细化落实方案，制定服务准则。进一步地，以各级劳动局、人社局为主要部门，整合主要灵活就业群体工会等社会力量，组建灵活就业办，专门性负责零工群体的就业指导、权益保障与权益维护工作。

三　加快从内探寻平台—实体融合点

数据就是数字经济时代的石油，数字平台与实体经济融合的一大关键节点便是数据，数字平台的发展离不开庞大"数据流"的支撑，实体经济的高质量发展需要对市场供求数据的准确把握。在此背景下，数字平台的强整合能力为其提供了纾困解难的有效路径。对此，需要由政府发挥服务作用，在智能互联与要素融合层面下足功夫。具体表现为大力推进全社会数字化基础设施建设，实现5G网络全覆盖，优化"上云用数赋智"基础设施，降低实体企业与平台企业的"上云"与"用云"成本，大力推进平台市场分析数据与企业生产数据共享，实现数字平台为企业生产决策赋能。[①] 除此之外，政府还必须承担其管理作用，加快推进数字经济市场化、法治化发展进程，组建数字经济专门化治理

---

① 欧阳日辉、龚伟：《促进数字经济和实体经济深度融合：机理与路径》，《北京工商大学学报》（社会科学版）2023年第4期。

部门，健全数字经济相关治理体系与法律法规，确保数字经济在中国特色社会主义框架下平稳高效运行。对于推进数字平台与实体经济融合发展的新型实体经济，政府还应当加以鼓励、支持与引导，通过设立专项扶持资金，成立产学研对接基地，简化办事流程与手续等方式，为这类新型实体经济提供良好的营商环境。

四 加快从外完善利益分配模式

实体经济是一国的经济根基，脱离实体经济，数字平台的利润来源无法有效保障，双方是利益共同体。因此，除了从内探寻实体经济融合发展点，还必须从外为双方构建一个合理的分配模式。在初次分配中，坚持按劳分配原则，提高对实体经济中劳动者的工资水平与绩效，从而提高实体经济劳动者的劳动积极性，尤其是在当前平台主导下数字零工盛行的就业新形态之下，平台在"去雇佣化""隐性雇佣化"的模式背后，凭借其强势地位，肆无忌惮侵占数字零工合法利益，并且逃避对劳动者应该承担的企业责任，对此应积极探索良性的数字平台—数字零工劳动关系与利益分配关系。同时，完善按要素参与分配制度，对平台企业在数据要素、智力提供等方面的贡献进行综合评判，建立工资底薪与红线，在肯定平台贡献的同时，通过在增值税基础上设立平台税，依据平台所得设立起征点，实现对平台利润的动态调整。

第四节 完善平台场域下的三类劳动协调发展机制

社会生产结构的变迁，揭示了当前时代下直接生产劳动向运输性与非生产性劳动并重变迁的趋势。对此，或许可以充分利用当前时代的数字技术，通过加快健全三类劳动共同发展制度体系和数字赋能三类劳动协调分工机制建设提升，来构建新型生产结构下的三类劳动协调发展机制。

一　加快健全三类劳动共同发展制度体系

从当前三类劳动在经济发展中所具有的积极作用来看，应当加快从政策层面对三类劳动形式共同发展的制度建设。

首先，国家应当加强顶层设计，转变劳动保障中心，从直接生产为主，向三类劳动形式协调并重转变。通过进一步完善运输性与非生产性合法地位，通过完善劳动法等相关法律，表明"毫不动摇地支持运输性、非生产性等多元劳动形式发展，保证各类劳动形式合法权益与自由流动"政策导向。在此基础上，推动构建从中央到地方政府的层级劳动保障机制，要求各级政府加快对三类劳动形式的环境优化与制度建设。人社部门要联动市场监管、税务等部门，加强对三类劳动者的社会参保制度、企业劳动环境进行整改优化。一方面，通过健全不同劳动形式的分类参保制度，依据劳动者的劳动收入、劳动环境等为三类劳动者提供更具针对性与适配性的保障制度。另一方面，要加快优化企业劳动环境。市场监管与税务部门可以通过出台相关行政条例，鼓励企业扩大招聘岗位，完善劳动工会与职工福利，为三类劳动者提供更加舒适的劳动环境。

其次，要加快完善自由流动、灵活准入的劳动市场。针对三类劳动形式，政府要通过落实小微企业融资渠道，深化"放管服"改革，优化企业营商环境，助力涵盖多种劳动形式的企业发展，并实施有效就业政策，鼓励企业增设就业岗位，为三类劳动提供更广就业渠道。同时，要加快建立多元主体劳动帮扶机制。政府牵头，社会参与开展对三类劳动者的就业帮扶，通过成立就业指导中心，为三类劳动者提供定制化的就业指导，帮助他们提升技术水平，匹配就业岗位。

最后，针对三类劳动形式，要加快成立劳动工会，健全劳动协商机制。通过政府牵头，吸纳基础扎实、条件成熟的三类劳动企业，建立集体协商制度。针对三类劳动者劳动过程中可能出现的侵权问题、劳动争议，出台行业规范，完善诚信建档，制定跨行业、跨区域协同处理与监察惩戒机制，共同防范化解重大劳动关系风险。

二 数字赋能三类劳动协调分工机制建设

从当前三类劳动形式在社会财富创造中所呈现出的积极作用来看，应当加快推动构建数字经济模式下的"生产—运输—销售"一体化分工协作机制。对此，必须加大对直接生产劳动的资源投入。政府通过实施有效的人才引进或就业保障政策，通过实施专门性货币和财政政策、招商引资政策，吸引与鼓励大量劳动力、资金向直接生产环节流入。

在此基础上，直接生产企业通过利用数字平台、数字技术开展专门化技能培训与岗位宣传，提升劳动力适配度，进行生产规划与生产资料配置，有组织、高效率地进行商品生产。对于运输业劳动，应当利用平台的实时交互技术，由政府整合平台企业、运输业与实体生产企业，借鉴快递业与商家间的合作模式，搭建产运沟通平台，精准匹配商品配送供需，从而缩短商品运输时间成本，提升社会财富的生产延伸效率。同时，国家应当加大对数字技术研发企业的资金投入与政策扶持力度，鼓励数字技术研发企业进行自主创新，通过不断完善 AI 路线规划等数字应用，为运输业劳动提供更加精准、短时的路线规划，从而提升运输效率，实现运输业劳动价值创造在数量上的提升。

进一步地，由政府牵头，平台企业出面，以数字平台为媒介，在产运沟通平台上，整合包括电商、直播等非生产性劳动，构建产运销一体化平台。利用电商与直播行业的推广、预售等形式，精准捕捉市场需求，从而及时反馈给生产商组织生产，联系运输业进行配送，如开展助农直播为乡村农产品打开销路，建立订单，并联系合作快递机构进行配送，提升农户收入。

第五节　社会主义劳动正义复归的保障路径

实现数字平台场域下的劳动正义复归，要从源头治理，即消灭私人资本对数字资本的掌控，遏制数字资本无序扩张，从劳动能力、劳动主体、劳动过程和劳动成果四个方面，还权于广大劳动者。对此，必须结合当前我国社会主义的制度优势，从加强人民至上理念下的数字技术学习和基础设施建设、建设数据要素公有制基础上的国有化数据银行两个维度打造社会主义数字平台场域下的雇佣劳动正义局面。

一　加强人民至上的数字技术学习与基础建设

数字鸿沟是劳动者在数字时代提高劳动能力的首要障碍。劳动正义重塑，务必优先解决"数字鸿沟"这一客观障碍，为劳动者能力提升解决技术和物质瓶颈。对于数字技术的熟练掌握与运用为劳动者得以在劳动过程中，充分实现劳动能力获致正义提供了物质和技术条件。消解"数字鸿沟"必须加紧构建终身数字技术学习体系，提升全民数字素养。一方面，通过政策法规将信息技术学习纳入国民义务教育体系之中，重视中小学、高职院校的数字技术学科建设；同时，充分发挥基层社区、老年大学等社会教育组织作用，定期开展数字技能培训，弥合群体间数字鸿沟，力求实现数字信息教育全年龄段覆盖。另一方面，国家应当通过"西部计划"等方式实现区域间数字技术资源配置优化，以广大中西部落后地区为重点，通过资金支持、人才输送等方式，推进地区数字基础设施建设，并进一步通过与发达省份、社会企业等联合，建立地区专门化技术服务中心，派驻专业人才，为当地居民开展数字技术培训、提供数字信息服务等，弥合区域间数字鸿沟，努力实现数字教育全区域覆盖。

此外，不断推进数字基础设施建设，加大对于惠民便民数字基础设施建设，如乘车码、网上政务 App 等，将数字技术融入民众生活，让广大民众感受到数字技术的便利性和安全性等，从个体出发消除民众恐惧和担忧。同时，还应当加大对涉及国家经济发展、安全等方面的数字技术研发投入，通过政策扶持、人才引进等方式不断提升科技自立自强水平，有效应对西方发达资本主义国家对数字技术资源的垄断，弥合国家间"数字鸿沟"，构建起更为开放包容、独立自主的数字使用空间。

二 建设数据要素公有制上的国有化数据银行

数字监视使得劳动者的隐私安全无从保障。基于资本主义制度下数字技术的私有化，不仅资本家对用户的一举一动了如指掌，实现对用户习惯和行为的精准把握，而且劳动者丧失主体性，一切按照资本家所规划的蓝图有序进行。由于数据本身具有公共品属性，社会主义国家可以依托国有数字企业与资产评估机构，制定数据资产评估标准，实现对数据资料的充分量化，从而建立起国有化数据银行。通过将劳动者数据与其指纹、人脸等身份识别方式绑定，建立起劳动者个人数据账户，由此实现对数据要素的集中化管理。同时，通过不断加强身份识别系统的稳定性、安全性建设来守住数据信息账户的大门。这样，既能有效预防数字平台对数据的滥用问题，又能够充分防范用户隐私泄露问题，保障用户信息安全。

国有化数据银行在日常业务中也会通过对用户信息采集、筛选后，按照数据的隐私性进行划分，组建不同级别数据库，以保障对于数据信息的差异化、标准化管理。在此基础上，对于广大数字技术企业和个人而言，想要采集、传输或使用相关数据，则必须根据用途向数据银行提交信息读取权限申请，如效仿银行大额存取款业务办理方式，对于大规模数据调用或查阅，用户需要提前在小程序或软件上进行预约；对于企业而言，如果想要使用用户数据，则必须向用户获取调用权限，若企业用以商用，则用户有权向企业要求获以利润所得，若企业用以公用，则必须充分保障用户知情权，并经由银行备案。同时，对于政府等部门而言，若需要调用用户数据，如疫情防控下对于用户个人行程的掌握，则需要由用户通过相关程序，如武汉战疫、支付宝等专门平台进行授权，从而同意上传相关数据。

第六节 社会主义数字零工就业有效市场的构建路径

数字平台场域下的数字零工，展现出了灵活性、多元性和包容性的特点。这既为低收入劳动者获取生存和发展资料提供机会，又为高收入劳动者根据自己兴趣和发展需要，提升和实现自我价值提供渠道，蕴含着社会分工从自发分工向自觉分工的可能，或许能为实现人的自由而全面的发展提供助力。与此同时，在生产力尚不发达、商品经济和资本等要素将在很长一段时间内存在的中国，也还需要利用数字零工新劳动形态，助力我国生产力发展、提升国民经济水平，帮助人民解决就业难的问题。取其精华，去其糟粕。结合当前我国发展现实，发展中国特色社会主义的数字零工，必须充分剖析数字零工具体劳动中的艰难处境与劣势地位，从制度层面加快完善数字零工群体权益保障与维护配套设施，从主体层面加快提升数字零工群体自身劳动技能与数字能力、教育引导数字平台企业强化社会责任意识与担当三方面发力，推动构建社会主义数字零工就业有效市场。

一 完善数字零工群体权益保障与维护配套设施

当前数字零工权益侵害问题频发却难以有效维权的一大根源，便是数字零工群体的弹性雇佣制。它使得平台与零工间不存在具有法律效力的相关劳资关系证明，致使双方权责认定缺乏有效判定标准。对此，构建社会主义数字零工就业市场，必须加紧完善对数字零工这一特殊群体工作过程中的权责判定标准，从而在法律上确立数字零工群体的合法权益，保障其能够自由、平等地进行劳动，遇到问题时有法可依，使数字零工成为有效保障人民就业的渠道。

首先，要加快完善数字零工权责关系认定标准和维权渠道。由于数字零工与平台间缺乏有效劳动合同，致使一旦发生恶意欠薪等权益侵害事件时，零工因无法出具相关证明材料而处于被动局面。对此，国家和政府层面应当加快完善数字零工劳动关系认定标准，依托于数字平台的算法技术，将需求方与数字零工群体间的交易记录和协商记录等透明化，需求方与数字零工的交易全部在平台完成，当发生权益侵害事件时，由政府劳动部门调取平台记录进行仲裁。并且进一步通过调整劳动法、设立专门化数字零工维权部门来加强和推进数字零工劳资关系标准的法规化和制度化建设，按照零工的从属关系和就业目的来为数字零工量身定制认定标准。与此同时，还要加快数字政务平台建设进程，推进维权途径多元化和维权效率高效化改革，简化数字零工群体维权手续和流程，同时开通网络维权监督举报平台，公开维权进度和处理时限等。

其次，要完善数字零工群体的基本保障制度。对此，应当充分利用数字技术这把双刃剑，借助数字技术的监测和分析功能对数字零工工作状态进行把控，建立数字零工工作最高时限和平台抽成红线预警机制，对违规平台企业进行惩处，充分保障数字零工的"休息权"。[①] 进一步地，国家加快完善和出台数字零工群体

---

① 韩文龙、刘璐：《数字劳动过程中的"去劳动关系化"现象、本质与中国应对》，《当代经济研究》2020年第10期。

的参保制度，突破传统以用人单位为主体的参保制度，构建适用于数字零工群体的社会保障运行机制。一方面，可以由个人主体与地方财政按比例承担数字零工群体的社保费用。将数字零工群体归为自由职业者，适用于个人参保标准，政府给予一定的社保费用减免等。再者，可以进一步探索建立与税收体制相联通的社保制度，在大数据平台下尝试将个体税收申报和社保参与相挂钩。[1]另一方面，对于平台而言，作为中间方，在追求利润的同时也应当积极参与到数字零工群体保障制度的建设过程之中，以订单为单位，为数字零工提供人身意外险、责任险、医疗险等保障服务。

最后，要加快打造多方协同性零工市场监管机制。从数字零工劳动力市场的参与主体来看，政府需要发挥引导和宏观调控，对于劳动法、合同法、税法等数字零工相关法律法规进行系统性研究和修订，同时在广泛调研和实地考察等基础上，通过相关政策文件明确数字零工劳动力市场建设过程中平台企业、数字零工、需求方等参与主体的责任和义务，同时组建专门化数字监管部门，利用算法技术对平台和数字零工劳动过程进行动态监测，针对数字平台企业可能存在的零工工作时间太长和强度过高、缺少相关安全设施等危害零工群体身心健康、违反社会道德的行为，责令有关平台企业进行整改或惩处。防范平台在此过程中出现违规走样，侵害劳动者和雇主合法权益，根源性杜绝恶性事件发生，为数字零工就业市场营造良性和法制的外部宏观环境。

---

[1] 王曰影：《零工经济视域下新型劳动关系探析》，《价格理论与实践》2022年第5期。

二 提升数字零工群体自身劳动技能与数字能力

在数字平台构筑起的全球劳动力市场中，高技能水平的零工劳动者疯狂挤占低技能水平零工劳动者的就业岗位与生产资料，数字零工劳动者实现自身价值面临阻碍。这与我国共同富裕的人民立场明显相悖。因此，在社会主义制度下构建具有中国特色的数字零工劳动力市场，需要从源头治理，提升数字零工群体的劳动技能水平。

一方面，零工群体要利用好现有数字化学习资源，如中国职业培训在线、新职业在线学习平台、中国国家人事人才培训网等，不断利用自身空余时间，抓紧提升自我数字能力水平，获取相关技能证书，从而实现从初级零工向高级零工转型。

另一方面，社会层面要为零工技能提升提供更加人性化的辅助机制，有别于传统生产工具的使用，数字零工的核心在于对于数字技术的熟练程度。由于数字技术迭代速度快、更新周期短，零工想要自发掌握技术需要更加专业化的理论知识和教育水平作为支撑，自我学习耗时较长。为此，需要采取师徒制的引领和辅助学习机制。

对此，需要由政府牵头、高校辅助、社区组织，不定期为数字零工和待业人群等开展免费的技能培训，组织开设如西点培训班、编程培训班等多元化、多样化的技能培训学堂，聘请高校教授、行业高级技师等具备强知识储备或职业技能人士作为授课教师，为广大数字零工劳动者提供更为方便、易学、专业的学习途径，内外兼修助力零工技能水平与数字能力提升。

三 教育引导平台企业强化社会责任意识与担当

数字零工的出现及其发展,始终离不开数字平台企业这一重要主体。数字平台企业在数字零工具体劳动过程中始终扮演着监督者和中介的双重身份。一方面,数字平台作为零工与需求方信息发布和交互的场所,利用其大数据分析促成双方间的良性合作关系,在单笔任务完成后向双方抽成获取"中介费"。另一方面,数字平台又在数字零工为需求方提供服务的具体过程中,利用算法实时获取数字零工和需求方的活动轨迹和行为数据,通过数据分析实时监视他们的行为习惯、需求偏好等个人隐私。为了满足维持双重身份的私欲,数字平台作出了诸多"越俎代庖"的行为——为了吸引需求方,不断提高对零工服务质量的要求;为了满足自己的盈利欲望,不断加大对零工和需求方的抽成比重;为了让零工始终"听命"于平台,不断加剧零工的"内卷化"。因此,垄断加剧、权益侵害频发等恶性事件不断激化着平台与需求方和零工之间的矛盾。

对此,必须引导数字平台企业强化社会责任意识与担当,将广大企业家引导成为"爱国敬业、守法经营、创业创新、回报社会"[①]的典范。社会主义中国的政治立场已经表明,数字平台企业的发展必须坚持"以人民为中心"。对此,数字平台企业在运行过程中必须强化自身责任意识,在追求经济效益的同时,要兼顾考量和确保劳动者特别是零工劳动者的权益,关爱和保障数字零工群体的合理诉求。一方面,通过不断创新平台服务,为数字

---

① 习近平:《在民营企业座谈会上的讲话》,《人民日报》2018年11月2日第2版。

零工群体提供更加方便、快捷的服务，帮助数字零工群体更快匹配心仪工作，更快完成个人劳动，更快取得劳动报酬，拥有更多自由时间。针对低水平的数字零工，要尽可能利用大数据分析挖掘其相对较为突出的数字能力，为其尽可能提供更多就业机会。同时，利用大数据实时把握其劳动状态，对于相对弱势的人群，帮助其规避可能风险，简化任务流程，协助其完成相关任务。针对高水平的数字零工，由于其本身能力的突出，在为其提供任务推送时，尽可能推送报酬相对丰厚的任务，充分确保"劳所应得"，从而激励他们运用自身能力更好地服务他人和社会。另一方面，运用平台后台的实时数据同步功能，为保障劳动者劳动过程的自由和安全提供技术支持，有效防范数字零工劳动过程中的潜在风险，建立数字零工劳动风险防范预警机制，通过对长时间、高负荷工作的劳动者减少接单频率或强制休息等方式保障劳动者的健康。

更进一步地，数字平台企业要不断完善自身内部监管，运用数字算法实时开展内部自查，做好事前、事中、事后全方位预防和监管，有效避免平台运行过程和零工劳动过程中的侵权事件发生。除此之外，数字平台企业还必须积极承担起社会责任，积极投身社会福利和慈善事业，在力所能及范围内利用自身经营所得，参与第三次分配，帮扶社会弱势群体，在树立企业良好形象的同时，为企业吸引更多用户和零工群体，从而实现企业发展良性循环，实现经济效益与社会效益的同步提升。

参考文献

经典文献类

《马克思恩格斯全集》第 3 卷，人民出版社 1960 年版。
《马克思恩格斯全集》第 30 卷，人民出版社 1997 年版。
《马克思恩格斯全集》第 32 卷，人民出版社 1998 年版。
《马克思恩格斯全集》第 33 卷，人民出版社 2004 年版。
《马克思恩格斯全集》第 36 卷，人民出版社 2015 年版。
《马克思恩格斯全集》第 38 卷，人民出版社 2019 年版。
《马克思恩格斯全集》第 42 卷，人民出版社 2017 年版。
《马克思恩格斯全集》第 44 卷，人民出版社 2001 年版。
《马克思恩格斯全集》第 46 卷，人民出版社 2003 年版。
《马克思恩格斯文集》第 1 卷，人民出版社 2009 年版。
《马克思恩格斯文集》第 3 卷，人民出版社 2009 年版。
《马克思恩格斯文集》第 5 卷，人民出版社 2009 年版。
《马克思恩格斯文集》第 6 卷，人民出版社 2009 年版。
《马克思恩格斯文集》第 7 卷，人民出版社 2009 年版。
《马克思恩格斯文集》第 8 卷，人民出版社 2009 年版。
《马克思恩格斯选集》第 1 卷，人民出版社 2012 年版。

《马克思恩格斯选集》第 2 卷，人民出版社 2012 年版。

［德］马克思：《剩余价值理论》第 1 册，人民出版社 1975 年版。

［德］马克思：《1844 年经济学哲学手稿》，人民出版社 2018 年版。

［德］马克思：《哥达纲领批判》，人民出版社 2018 年版。

［德］马克思：《资本论》第 1 卷，人民出版社 2018 年版。

［德］马克思：《资本论》第 2 卷，人民出版社 2018 年版。

［德］马克思：《资本论》第 3 卷，人民出版社 2018 年版。

习近平：《不断做强做优做大我国数字经济》，《求是》2022 年第 4 期。

习近平：《在民营企业座谈会上的讲话》，《人民日报》2018 年 11 月 2 日第 2 版。

《习近平主持召开新时代推动东北全面振兴座谈会强调 牢牢把握东北的重要使命 奋力谱写东北全面振兴新篇章》，《人民日报》2023 年 9 月 10 日第 1 版。

中文著作类

黄奇帆等：《数字上的中国》，中信出版社 2022 年版。

李桂花：《科技哲思——科技异化问题研究》，吉林大学出版社 2011 年版。

中译著作类

［德］马克斯·韦伯：《世界经济简史》，李慧泉译，立信会计出版社 2018 年版。

［加拿大］尼克·斯尔尼塞克：《平台资本主义》，程水英译，广东人民出版社 2018 年版。

[美] 丹·希勒：《数字资本主义》，杨立平译，江西人民出版社 2001 年版。

[美] 尼拉古·尼葛洛庞帝：《数字化生存》，胡泳、范海燕译，电子工业出版社 2017 版。

[美] 玛丽·L. 格雷、西达尔特·苏里：《销声匿迹：数字化工作的真正未来》，左安浦译，上海人民出版社 2020 年版。

美国国家远程通信和信息管理局：《在网络中落伍：定义数字鸿沟——美国电信与信息技术产业差距的报告》，社会科学文献出版社 2002 年版。

中文论文类

白刚：《数字资本主义"证伪"了〈资本论〉?》，《上海大学学报》（社会科学版）2018 年第 4 期。

白永秀、李嘉雯、王泽润：《数据要素：特征、作用机理与高质量发展》，《电子政务》2022 年第 6 期。

蔡万焕、乔成治：《大数据、数字化与控制：数字资本主义的政治经济学分析》，《当代财经》2022 年第 6 期。

曹晓勇、王桂艳：《数字商品：数字资本主义研究的理论起点》，《理论月刊》2022 年第 4 期。

陈可、刘春彦：《网络销售类平台滥用市场力量的监管路径分析》，《同济大学学报》（社会科学版）2024 年第 3 期。

陈龙：《"数字控制"下的劳动秩序——外卖骑手的劳动控制研究》，《社会学研究》2020 年第 6 期。

陈向东、张凤、Paul M. A. Baker：《零工经济与分享经济对劳动的再造与提升》，《中国软科学》2020 年第 1 期。

崔学东、曹樱凡：《"共享经济"还是"零工经济"？——后工业与金融资本主义下的积累与雇佣劳动关系》，《政治经济学评论》2019年第1期。

丁未：《遭遇"平台"：另类数字劳动与新权力装置》，《新闻与传播研究》2021年第10期。

冯向楠、詹婧：《人工智能时代互联网平台劳动过程研究——以平台外卖骑手为例》，《社会发展研究》2019年第3期。

付敏杰、李绪恒：《"新质生产力"的政策脉络、政策逻辑和政策重点》，《河北大学学报》（哲学社会科学版）2024年第4期。

付文军：《论马克思政治经济学的历史本质及其意义》，《社会科学战线》2019年第7期。

付文军：《数字资本主义的政治经济学批判》，《江汉论坛》2021年第8期。

高广旭：《资本批判与时间解放——〈资本论〉的时间分析及其政治结论》，《南京社会科学》2022年第5期。

巩永丹：《把握数字劳动内涵及特征 规范数字经济发展》，《光明日报》2023年2月22日第6版。

郭朝先、方澳：《要素视角下新质生产力的内涵机理与跃升路径》，《广西社会科学》2024年第3期。

韩秋红：《数字资本主义视域下的异化劳动批判与共产主义构想》，《求是学刊》2023年第2期。

韩文龙、刘璐：《数字劳动过程中的"去劳动关系化"现象、本质与中国应对》，《当代经济研究》2020年第10期。

韩文龙、晏宇翔、张瑞生：《推动数字经济与实体经济融合发展研究》，《政治经济学评论》2023年第3期。

韩喜平、马丽娟：《新质生产力的政治经济学逻辑》，《当代经济研究》2024年第2期。

何爱平、徐艳：《劳动资料数字化发展背景下资本主义劳动关系的新变化——基于马克思主义政治经济学视角的分析》，《经济纵横》2021年第11期。

何爱平、徐艳：《〈资本论〉视角下中国劳动关系的现实反思与建设路径》，《教学与研究》2018年第10期。

黄凯南：《数据生产要素论对经济学理论创新的重要影响》，《光明日报》2024年1月6日第11版。

黄伟庆：《数字经济循环中的数据流通与确权：基于平台治理视角的规范化展开》，《改革与战略》2024年第3期。

黄再胜：《数据的资本化与当代资本主义价值运动新特点》，《马克思主义研究》2020年第6期。

黄再胜：《数字剩余价值的生产、实现与分配》，《马克思主义研究》2022年第3期。

姜尚荣等：《价值共创研究前沿：生态系统和商业模式创新》，《管理评论》2020年第2期。

姜耀东：《数智时代认识新质生产力的三维向度——基于马克思物质生产理论》，《河北大学学报》（哲学社会科学版）2024年第4期。

金红：《共享经济对重要统计数据的影响——兼论统计视角的共享经济内涵》，《调研世界》2017年第3期。

蓝江：《数字资本、一般数据与数字异化——数字资本的政治经济学批判导引》，《华中科技大学学报》（社会科学版）2018年第4期。

蓝江:《一般数据、虚体、数字资本——数字资本主义的三重逻辑》,《哲学研究》2018年第3期。

李贵成:《数字经济时代平台用工"去劳动关系化"的表征、挑战与应对》,《云南社会科学》2023年第2期。

李夏迪、林汉川:《数字平台应用影响中小企业组织韧性的作用机制——基于双元学习的视角》,《科技管理研究》2024年第7期。

李洋、徐家林:《马克思政治经济学批判的时间尺度》,《上海师范大学学报》(哲学社会科学版)2019年第4期。

李玉梅、高鹤鹏、陈洋毅等:《中国平台经济的现状、意义、问题及对策》,《华东经济管理》2024年第5版。

梁九业:《数字平台版权集中的体系化治理研究》,《南大法学》2023年第2期。

林嘉琳、陈昌凤:《算法决策下零工经济平台的权力关系变动及价值选择——以外卖平台为例》,《西南民族大学学报》(人文社会科学版)2021年第12期。

林奇富、贺竞超:《大数据权力:一种现代权力逻辑及其经验反思》,《东北大学学报》(社会科学版)2016年第5期。

刘贵祥:《历史唯物主义视阈中数字资本的异化及其扬弃》,《马克思主义研究》2022年第6期。

刘海霞:《数字劳动异化——对异化劳动理论的当代阐释》,《理论月刊》2020年第12期。

刘同舫:《技术进步与正义困境》,《社会科学战线》2021年第5期。

刘同舫:《技术进步中的劳动正义困境及其现实效应》,《教学与研究》2021 年第 12 期。

刘同舫：《马克思唯物史观叙事中的劳动正义》，《中国社会科学》2020 年第 9 期。

刘勇、项楠、张晶：《马克思劳动异化视阈下的"数字零工"困境及其破解》，《理论导刊》2022 年第 9 期。

刘志彪、凌永辉、孙瑞东：《新质生产力下产业发展方向与战略——以江苏为例》，《南京社会科学》2023 年第 11 期。

刘志国、栾瑞华：《我国"996"工作模式的形成原因及治理——基于马克思工作日理论的分析》，《经济论坛》2020 年第 11 期。

卢江、刘慧慧：《数字经济视阈下零工劳动与资本弹性积累研究》，《天津社会科学》2020 年第 4 期。

罗铮、宁殿霞：《数字资本主义视域下的价值增殖研究——基于西方数字资本主义价值生产研究的思考》，《政治经济学评论》2022 年第 2 期。

马云志、王寅：《平台资本主义批判和重构平台社会主义——数字时代对平台经济的新运思》，《河北学刊》2022 年第 1 期。

马昀、卫兴华：《用唯物史观科学把握生产力的历史作用》，《中国社会科学》2013 年第 11 期。

毛勒堂：《劳动正义：劳动幸福不可或缺的价值支撑》，《江汉论坛》2021 年第 8 期。

毛勒堂：《马克思的劳动正义思想及其当代启示》，《江汉论坛》2018 年第 12 期。

孟飞、程榕：《如何理解数字劳动、数字剥削、数字资本？——当代数字资本主义的马克思主义政治经济学批判》，《教学与研究》2021 年第 1 期。

欧阳康、杨德科：《数字劳动的资本积累逻辑探究》，《南京社会科学》2023年第9期。

欧阳日辉、龚伟：《促进数字经济和实体经济深度融合：机理与路径》，《北京工商大学学报》（社会科学版）2023年第4期。

裴广一、林小钰：《新质生产力推动海南高质量发展：现实依据、重要意义和实践路径》，《海南大学学报》（人文社会科学版）2024年6月24日（知网平台在线公开时间）。

彭鸽、崔平：《共同富裕：数字劳动与数字资本剥削的中国应对》，《重庆社会科学》2024年第3期。

戚聿东：《深度赋能劳动者、劳动资料和劳动对象、发展新质生产力要发挥数字技术作用》，《人民日报》2024年6月4日第9版。

钱贵明、阳镇、陈劲：《数字平台视角下新质生产力的形成机制与推进策略》，《西安交通大学学报》（社会科学版）2024年第5期。

乔晓楠、李欣：《非生产部门的价值分割：理论逻辑与经验证据》，《政治经济学评论》2020年第4期。

乔晓楠、郗艳萍：《数字经济与资本主义生产方式的重塑——一个政治经济学的视角》，《当代经济研究》2019年第5期。

秦臻、王生升：《信息技术条件下生产网络的特征与影响——一个政治经济学分析》，《教学与研究》2022年第5期。

邱海平、曾悦梅：《零工劳动与当代资本主义生产方式——劳动力商品化理论视角》，《政治经济学评论》2023年第5期。

汝绪华、汪怀君：《数字资本主义的话语逻辑、意识形态及反思纠偏》，《深圳大学学报》（人文社会科学版）2021年第2期。

石建勋、徐玲：《加快形成新质生产力的重大战略意义及实现路径研究》，《财经问题研究》2024年第1期。

舒成利等：《数字平台场域互动观的建构研究》，《华东经济管理》2024年第4期。

宋冬林、孙尚斌、范欣：《数据成为现代生产要素的政治经济学分析》，《经济学家》2021年第7期。

宋建丽：《数字资本主义的"遮蔽"与"解蔽"》，《人民论坛·学术前沿》2019年第18期。

孙蚌珠、石先梅：《数字经济劳资结合形式与劳资关系》，《上海经济研究》2021年第5期。

孙晋：《数字平台的反垄断监管》，《中国社会科学》2021年第5期。

孙乐强：《马克思的使用价值理论及其哲学意义的再思考》，《理论探讨》2017年第5期。

孙伟平、尹帮文：《论数字劳动及其与劳动者的双向建构》，《社会科学辑刊》2022年第6期。

唐要家：《数字平台反垄断的基本导向与体系创新》，《经济学家》2021年第5期。

佟林杰、张明欣：《数字形式主义的生成逻辑、制度困境及消解策略》，《理论导刊》2022年第4期。

王宝珠、王朝科：《数据生产要素的政治经济学分析——兼论基于数据要素权利的共同富裕实现机制》，《南京大学学报》（哲学·人文科学·社会科学）2022年第5期。

王璐、李晨阳：《平台经济生产过程的政治经济学分析》，《经济学家》2021年第6期。

王茜：《平台三角用工的劳动关系认定及责任承担》，《法学》2020年第12期。

王珊、刘召峰：《"数字劳动"的生产性：基于马克思生产劳动理论的辨析》，《思想理论教育》2023年第8期。

王天夫：《数字时代的社会变迁与社会研究》，《社会科学文摘》2022年第3期。

王天晓、吴宏政：《面向中国式现代化：平台经济高质量发展助力共同富裕的战略抉择》，《新疆社会科学》2023年第4期。

王文泽：《人工智能与资本主义生产方式的变迁》，《国外理论动态》2022年第6期。

王晓东、谢莉娟：《社会再生产中的流通职能与劳动价值论》，《中国社会科学》2020年第6期。

王永章：《数字劳动的马克思主义政治经济学分析》，《思想理论教育》2022年第2期。

王曰影：《零工经济视域下新型劳动关系探析》，《价格理论与实践》2022年第5期。

魏传光：《从生产逻辑到资本逻辑：马克思正义思想的双重透视》，《哲学动态》2021年第3期。

魏旭：《数字资本主义下的价值生产、度量与分配——对"价值规律失效论"的批判》，《马克思主义研究》2021年第2期。

温旭：《对数字资本主义的马克思劳动价值论辨析》，《思想理论教育》2022年第6期。

温旭：《数字劳动、数字资本主义与数字资本积累——基于大卫·哈维的剥夺性积累理论》，《学术论坛》2021年第4期。

文军、刘思齐：《从"不稳定性"到"不确定性"：数字化转型背景下不确定性工作的兴起及其启示》,《社会科学研究》2024年第3期。

邬爱其、宋迪:《制造企业的数字化转型:应用场景与主要策略》,《福建论坛》(人文社会科学版)2020年第11期。

吴宏洛、孙璇:《当代资本主义数字经济中的异化劳动问题》,《当代经济研究》2021年第6期。

吴欢:《数字资本论析:结构特征与运动路径》,《经济学家》2021年第3期。

吴静:《总体吸纳:平台资本主义剥削的新特征》,《国外理论动态》2022年第1期。

吴媚霞、王岩:《数字资本化与资本数字化的学理考察及其启示》,《思想教育研究》2022年第9期。

伍书颖、王峰明:《生产劳动理论:马克思对亚当·斯密的批判与超越》,《思想理论教育导刊》2021年第8期。

武西锋、杜宴林:《经济正义、数字资本与制度塑造》,《当代财经》2023年第3期。

向东旭:《数字资本权力的运行逻辑——基于马克思资本权力批判的视角》,《当代世界与社会主义》2023年第2期。

向东旭:《唯物史观视域下的数字资本逻辑批判》,《当代世界与社会主义》2021年第6期。

谢富胜、江楠、匡晓璐:《正确理解新质生产力》,《政治经济学研究》2024年第3期。

谢富胜、江楠、吴越:《数字平台收入的来源与获取机制——基于马克思主义流通理论的分析》,《经济学家》2022年第1期。

熊鸿儒:《我国数字经济发展中的平台垄断及其治理策略》,《改革》2019 年第 7 期。

熊亮：《数字媒介时代的马克思生产力理论创新认知》，《江苏社会科学》2022 年第 4 期。

徐景一：《马克思资本积累理论视角下的西方数字资本主义批判》，《马克思主义研究》2022 年第 11 期。

徐翔、赵墨非：《数据资本与经济增长路径》，《经济研究》2020 年第 10 期。

许弘智、王天夫：《劳动的零工化：数字时代的劳动形态变迁及其形成机制探究》，《经济学家》2022 年第 12 期。

闫方洁、刘国强：《论平台经济时代资本控制的内在逻辑与数字劳工的生存困境》，《河南社会科学》2022 年第 3 期。

闫慧慧、杨小勇：《平台经济下数字零工的劳动权益保障研究》，《经济学家》2022 年第 5 期。

闫金敏、戴雪红：《资本逻辑下的身体异化现象及超越》，《理论月刊》2022 年第 5 期。

闫境华、石先梅：《零工经济资本与劳动之间关系的政治经济学分析》，《理论月刊》2021 年第 8 期。

闫坤如、李翌：《劳动价值论视域下的数字劳动探析》，《思想理论教育》2023 年第 4 期。

闫瑞峰：《数字资本的伦理逻辑及其规范》，《海南大学学报》（人文社会科学版）2021 年第 4 期。

杨东、臧俊恒：《数字平台的反垄断规制》，《武汉大学学报》（哲学社会科学版）2021 年第 2 期。

姚建华：《作为数据流的劳动者：智能监控的溯源、现状与反思》，《湖南师范大学社会科学学报》2021 年第 5 期。

尹寒：《数字劳动异化的实质、表现及其超越》，《思想教育研究》2024年第2期。

俞使超：《新质生产力与社会主义资本修复辩证关系研究》，《社会科学家》2024年第4期。

曾雄：《全国统一大市场建设背景下平台数据垄断的成因分析及行业规制路径创新》，《中国科技论坛》2024年第7期。

张万里：《数字经济驱动新质生产力发展：逻辑前提、内在机制与实现路径》，《学习论坛》2024年第5期。

张旺、白永秀：《数据商品生产及其流通的政治经济学分析》，《当代经济研究》2024年第5期。

张旭：《正确认识资本的特性与发挥资本要素的积极作用》，《当代经济研究》2022年第5期。

张志安、姚尧：《互联网平台劳动的社会影响及研究启示》，《新闻与写作》2020年第12期。

赵慧娟等：《平台生态嵌入、数据赋能对中小制造企业创新柔性的影响——基于资源编排视角》，《研究与发展管理》2022年第5期。

赵林林：《数字化时代的劳动与正义》，《北京师范大学学报》（社会科学版）2020年第1期。

赵敏、王金秋：《数字技术与当代生产方式新变化问题研究》，《政治经济学评论》2022年第3期。

赵秀丽：《数字平台创始人与资本所有者的博弈关系演化分析》，《教学与研究》2023年第2期。

赵秀丽、王生升、方敏：《数字平台中资本与劳动的多样化关系解构分析》，《经济学家》2022年第10期。

赵秀丽、王生升：《数字平台资本的运动规律研究》，《当代经济研究》2023 年第 6 期。

赵志强、范建刚：《马克思消费思想的三重生态意蕴及其当代启示》，《当代经济研究》2021 年第 7 期。

郑冬芳、秦婷：《数字资本驱动下新消费主义的政治经济学释析》，《思想教育研究》2022 年第 7 期。

钟彬、张涵：《习近平关于新质生产力的重要论述及实践要求》，《商业经济研究》2024 年第 12 期。

钟勇：《平台经济助推新发展格局构建的机理与路径》，《新视野》2021 年第 5 期。

周安安：《平台劳动：从"乌托邦"到"利维坦"》，《文化纵横》2021 年第 4 期。

周丹：《智能时代的劳动与人的劳动解放》，《人民论坛·学术前沿》2022 年第 8 期。

周秀娟、王亚：《公共数据授权运营的范式考察与完善路径》，《电子科技大学学报》（社会科学版）2023 年第 3 期。

周洲、吴馨童：《知识产权保护对企业数字化转型的影响——来自"三审合一"改革的经验证据》，《科学学与科学技术管理》2022 年第 6 期。

朱巧玲、闫境华、石先梅：《数字经济时代价值创造与转移的政治经济学分析》，《当代经济研究》2021 年第 9 期。

朱阳、黄再胜：《数字劳动异化分析与对策研究》，《中共福建省委党校学报》2019 年第 1 期。

外文著作类

Bratton, B. H., *The Stack: On Software and Sovereignty*, MIT Press,

2016.

Fuchs, C., *Digital Labour and Karl Marx*, New York: Routledge, 2014.

Collinggridge D., *The Social Control of Technology*, London: Frances Pinter, 1980.

Fulcher, J., *Capitalism: A Very Short Introduction*, Oxford University Press, 2004.

Sadowski, J., *Too Smart: How Digital Capitalism Is Extracting Data, Controlling Our Lives, and 'Taking Over the World*, Cambridge: MIT Press, 2020.

Smyrnaios, N., *Internet Oligopoly: The Corporate Takeover of Our Digital World*, Emerald Group Publishing, 2018.

外文论文类

Alex J. Wood, et al., "Networked but Commodified: The (Dis) Embeddedness of Digital Labour in the Gig Economy", *Sociology*, Vol. 53, No. 5, February 2019.

Choudhary Vedant, Shireshi S., "Analysing the Gig Economy in India and Exploring Various Effective Regulatory Methods to Improve the Plight of the Workers", *Journal of Asian and African Studies*, Vol. 57, No. 7, March 2022.

Constantinides, P., Henfridsson, O., Parker, G. G., "Introduction—platforms and Infrastructures in the Digital Age", *Information Systems Research*, Vol. 29, No. 2, May 2018.

Donaghy Dave, "Defining Digital Capital and Digital Poverty", *ITNOW*, Vol. 63, No. 1, February 2021.

Duggan James, Sherman Ultan, Carbery Ronan, McDonnell Anthony, "Boundaryless Careers and Algorithmic Constraints in the Gig Economy", *The International Journal of Human Resource Management*, Vol. 33, No. 22, July 2022.

Eduard Safronov, " 'Digital Capitalism' and the Old Fairytale about Lost Time", *The Russian Sociological Review*, Vol. 19, No. 1, January 2020.

Eisenmann, T., Parker G., Van Alstyne M. W., "Strategies for Two-sided Markets", *Harvard Business Review*, Vol. 84, No. 10, October 2006.

Friedmanan, G., "Workers Without Employers: Shadow Corporations and the Rise of the Gig Economy", *Review of Keynesian Economics*, Vol. 2, No. 2, April 2014.

Fuchns, C., "Industry 4.0: Tne Digital Gerrnan ldeology", *TripleC*, Vol. 16, No. 1, January 2018.

Fuchns, C., "Towards a Critical Theory of Communication as Renewal and Update of Marxist Humanism in the Age of Digital Capitalism", *Journal for the Theory of Social Behaviour*, Vol. 50, No. 3, June 2020.

Hanappi, H., "A Global Revolutionary Class Will Ride the Tiger of Alienation", *TripleC*, Vol. 18, No. 1, January 2020.

Huđek Ivona, Širec Karin, "The Terminology and the Concept of the Gig Economy", *Ekonomski Pregled*, Vol. 74, No. 1, February 2023.

Jafet Morales, et al., "Technology-based Health Promotion: Current State and Perspectives in Emerging Gig Economy", *Biocybernetics and Biomedical Engineering*, Vol. 32, No. 19, August 2019.

James Al, "The Gig Economy: A Critical Introduction", *Economic Geography*, Vol. 97, No. 1, January 2021.

Jamie Woodcock, "The Algorithmic Panopticon at Deliveroo: Measurement, Precarity, and the Illusion of Control", *Ephemera: Theory & Politics in Organizations*, Vol. 20, No. 3, January 2020.

Johan Lindell, "Digital Capital: A Bourdieusian Perspective on the Digital Divide", *European Journal of Communication*, Vol. 35, No. 4, June 2020.

Karhu, K., Gustafsson, R., Lyytinen, K., "Xploiting and Defending Open Digital Platforms with Boundary Resources: Android's Five Platform Forks", *Information Systems Research*, Vol. 29, No. 2, May 2018.

Lutz, James M., "Renovating Democracy: Governing in the Age of Globalization and Digital Capitalism", *The European Legacy*, Vol. 26, No. 6, April 2019.

Maffie Michael David, "Becoming a Pirate: Independence as an Alternative to Exit in the Gig Economy", *British Journal of Industrial Relations*, Vol. 61, No. 1, April 2022.

Massimo Ragnedda, Maria Laura Ruiu, Felice Addeo, "Measuring Digital Capital: An Empirical Investigation", *New Media & Society*, Vol. 22, No. 5, August 2020.

Massimo Ragnedda, Maria Laura Ruiu, Felice Addo, "Measuring Digital Capital: An Empirical Investigation", *New Media & Society*, Vol. 22, No. 5, August 2020.

Myhill Katie, Richards James, Sang Kate, "Job Quality, Fair Work and Gig Work: The Lived Experience of Gig Workers", *The International Journal of Human Resource Management*, Vol. 32, No. 19, December 2021.

Pace Jonathan, "The Concept of Digital Capitalism", *Communication Theory*, Vol. 28, No. 3, April 2018.

Robert Pike, Dwayne Winseck, "The Politics of Global Media Reform, 1907 – 23", *Media Culture & Society*, Vol. 26, No. 5, September 2004.

Tiwana, A., Konsynski, B., Bush, A. A., "Research Commentary—Platform Evolution: Coevolution of Platform Architecture, Governance, and Environmental Dynamics", *Information Systems Research*, Vol. 21, No. 4, November 2010.

Törnberg Petter, Uitermark Justus, "Tweeting Ourselves to Death: The Cultural Logic of Digital Capitalism", *Media, Culture & Society*, Vol. 44, No. 3, October 2022.

网络文献类

光明网：《新质生产力：实体经济高质量发展新方向》，2024年1月7日，https://theory.gmw.cn/2024 – 01/07/content_ 37075312.htm。

暨南大学经济与社会研究院、智联招聘：《2023中国新型灵活就业报告》，2023年9月14日，https://smelgjj.ca-sme.org/news/detail/11/。

CMA, "Online Platforms and Digital Advertising", July 1, 2020, https://assets.publishing.service.gov.uk/media/5fa557668fa8f5

788db46efc/Final_ report_ Digital_ ALT_ TEXT.pdf.

International Labour Organization,"The Role of Digital Labour Platforms in Transforming the World of Work", February 23, 2021. https://www.ilo.org/global/research/global-reports/weso/2021/WCMS_ 771749/lang--en/index.htm.

后　记

数字时代已经来临，人类社会的数字化水平将会越来越高。数字经济创造了生产、就业与生活新模式，推动劳动生产率的革新，人们在数字平台中可以进行更有创造力的工作以及获得更多自由时间。

在数字时代，人们在工作、学习、休闲娱乐中进行的各项活动均会无遗漏地以数据形式实时记录，从而在数字空间中构建出一幅详尽的生活动态档案。以数字平台为主导，一系列智能设备，如通过手指控制的智能手机、记录身体运动的智能手表、具备自动环境调控（包括温度、湿度和光线）的智能化室内管理系统、集成餐饮建议和具有订购功能的电子餐饮系统，等等，它们均实现无缝连接并实时运行。以劳动者为核心的数字平台通过各要素的创新组合，产生了多元化产业景观，极大地提升了人们日常生活的便利性，并激发了无尽的未来生活设想。

在过往的生产体系中，工作、生活界线划分明确，个人往往受限于固定的工作模式，严格受制于传统的劳动时间，难以实现工作与休闲的弹性协调。步入数字时代，一方面，数字平台主导下的数字经济，实现了生产方式的极大优化、生产者与消费者之间的无缝对接,信息充分沟通、交易成本急速下降,等等,数字平台赋能经济发展,促进了社会财富的增长,就业结构也发生巨大转变,各类灵活的数字零工就业形式不断涌现;另一方面,数字平台也凭借其占据的流量优势、垄断优势,其多重资本职能、对实体经济的裹挟、对就业市场的去雇佣化,等等,日益受到市场诟病。"要么平台,要么乌有",充分反映了数字平台的强势与市场的无奈。

因此,在以公有制为主体的中国特色社会主义国家里,需要以批判的辩证思维对待数字平台的发展,对数字平台进行正确引导,使其尽可能发挥积极作用,推动数字经济与实体经济深度融合,赋能中国经济高质量发展。

刘 勇

2024 年 8 月